Faszination Berlin-Mitte. Blanke Fassaden, bunte Shoppingwelt, dazwischen immer wieder Spuren des Vergangenen. Das Magnus-Haus am Kupfergraben, die Synagoge in der Oranienburger Straße, die jüdische Knabenschule in der Großen Hamburger Straße. Jüdisches Leben prägte lange das Kulturleben, den wissenschaftlichen Diskurs, die Presselandschaft, die Welt der Finanzen und des Konsums, aber ebenso das Berlin der armen Leute, wie es sich im Scheunenviertel fand.
Begleitet von Heinrich Heine, Rahel Varnhagen, Kurt Tucholsky, Walter Benjamin, Vicki Baum, Irmgard Keun, Gershom Scholem und vielen anderen erkundet Unda Hörner auf literarischen Streifzügen jüdische Häuser und Geschichte(n). Die Spaziergänge machen anschaulich, wie tief die jüdische Bevölkerung das Gesicht der Stadt geprägt hat.

Unda Hörner, geb. 1961, studierte Germanistik und Romanistik in Berlin und Paris, promovierte 1993 über die Schriftstellerin Elsa Triolet, lebt als freie Autorin in Berlin. Im Suhrkamp Verlag erschienen die Biographien *Die realen Frauen der Surrealisten* (st 2816), *Im Dreieck.* (st 2951), der Roman *Unter Nachbarn* (st 3171) und die Erzählungen *Flüchtige Männer* (st 3509).

insel taschenbuch 3497

Orte jüdischen Lebens in Berlin

Die Schendelgasse – hier ein Photo aus dem Jahr 1935 – bildete den Eingang zum damals noch überwiegend jüdisch geprägten Scheunenviertel

Orte jüdischen Lebens in Berlin

Literarische Spaziergänge durch Mitte

Von Unda Hörner

Mit Abbildungen

Insel Verlag

Für Stephanie Oertelt Samuels und ihre Familie,
mein erstes Berliner Zuhause

Umschlagabbildung: Synagoge Oranienburger Straße

insel taschenbuch 3497
Erste Auflage 2010

Quellenverzeichnis am Schluß des Bandes
Vertrieb durch den Suhrkamp Taschenbuch Verlag
Umschlag: Anke Rosenlöcher
Satz: Hümmer GmbH, Waldbüttelbrunn
Druck: Druckhaus Nomos, Sinzheim
Printed in Germany
ISBN 978-3-458-35197-9

1 2 3 4 5 6 – 15 14 13 12 11 10

Inhalt

Vorwort

Der nach England emigrierte *Efraim*, Held des gleichnamigen Romans von Alfred Andersch, kehrt in den frühen sechziger Jahren nach langer Abwesenheit zurück ins kriegszerstörte Berlin:

»Ich gehe entzückt in den Stahlstich hinein, die Linden in Richtung zum Zeughaus entlang, es gibt das Schloß nicht mehr, das weiß ich schon, so biege ich rechts ab, gehe auf dem Opernplatz umher, den man schön restauriert hat, und später zum Gendarmenmarkt hinüber. Ich bin so gut wie allein. Es ist verrückt, aber ich bin in der Mitte Berlins, in deren dichtem Leben und Treiben ich mich als Kind oft bewegt habe, eine vereinzelte, seltene, streunende Figur. Ich betrete die Hedwigs-Kathedrale, ihr Inneres ist glänzend und geschmackvoll erneuert, und hier sitzen tatsächlich einige Beter, an einem der Seitenaltäre wird eine Messe gelesen. Draußen wieder die karge Abseitigkeit des Platzes, auf dem Gendarmenmarkt überhaupt keine Menschenseele, kein einziges Auto, und das in der Frühe eines Werktags. Die Kuppeltürme des Französischen und des Deutschen Doms ragen über die Ruinen ihrer Kirchen, und die Stufen der großen Freitreppe des Schauspielhauses sind geborsten. Hier, in dieser Leere, in diesem Schweigen würde ich gerne wohnen ...«

Mit seinem Wunsch versetzt Efraim die junge Berlinerin Anna Krystek in Erstaunen: »Ich vermute, sie hat mir gar nicht recht zugehört, hielt mein Gerede über Stahlstiche und den Lyrismus Brechts für bourgeoises Geschmäcklertum, bestenfalls für eine persönliche Spinnerei; was sie aufnahm und erregte, war einzig der Umstand, daß ich, ein westlicher Journalist, englischer Staatsangehöriger und deutscher Jude aus bürgerlicher, fast konservativer Familie, den Wunsch empfand und ernsthaft in Erwägung zog, mich in Ostberlin niederzulassen.«[1]

Die Jüdische Gemeinde von Berlin zählt heute mehr als elftausend Mitglieder und ist die größte jüdische Gemeinde in Deutschland. Durch Zuwanderung wächst die Zahl ihrer Mitglieder weiterhin stetig an. Berlin ist offenbar wieder zu einer Stadt geworden, in der man sich niederlassen kann, als »deutscher Jude« wie Anderschs Efraim.

Die erste urkundliche Erwähnung von Juden in Berlin geht auf das Jahr 1295 zurück, die Gründung einer ersten jüdischen Gemeinde auf das Jahr 1671. Friedrich Wilhelm, der Große Kurfürst, hatte ein Edikt erlassen, »wegen auffgenommener 50 Familien Schutzjuden, jedoch daß sie keine Synagoge halten«[2]. Mit anderen Worten: Aus Wien ausgewiesenen jüdischen Familien wurde das Bleiberecht gewährt, allerdings kamen weniger als fünfzig Familien nach Berlin, da eine Bedingung für ihr Kommen war, daß sie wohlhabend sein sollten – nicht ganz uneigennützig, denn nach dem noch nicht lange beendeten Dreißigjährigen Krieg brauchte die Stadt dringend neue Impulse und Investitionen. Eine Synagoge für die Gemeinde entstand erst 1714, unter Friedrich I., dem Großen, und zwar in der Heidereutergasse zwischen Rosen- und Spandauer Straße. Prominentestes Gemeindemitglied war wohl Moses Mendelssohn, ein Stammvater der Aufklärung, der Mitte des 18. Jahrhunderts nach Berlin kam und wie alle Juden die Stadt nur über den nördlichen Eingang betreten durfte, das Rosenthaler Tor. Obwohl jüdische Institutionen wie etwa die literarischen Salons Anfang des 19. Jahrhunderts großes Ansehen genossen und sich großer Beliebtheit erfreuten, besaßen die Juden lange Zeit keine Privilegien. Schutzgelder, Berufsbeschränkungen, fortwährender Antisemitismus erschwerten ihnen nach wie vor das Leben. Erst nach den napoleonischen Kriegen, unter Staatskanzler Karl August von Hardenberg, wurden die Juden durch das Emanzipationsedikt vom 11. März 1812 zu »Einländern und preußischen Staatsbürgern« erklärt. Gesetzlich, aber noch lange nicht gesellschaftlich, war damit eine Gleichstellung als Voraussetzung für eine bessere Zukunft erreicht.

Der gewonnene deutsch-französische Krieg, die Reichsgründung 1871, die Expansion des aus den Nähten platzenden Industriestandortes Berlin, gespeist von 5 Milliarden Francs Kriegsreparationen, all das kurbelte die Konjunktur in Deutschland an. Das barocke Berlin verwandelte sich zusehends in eine gründerzeitliche Metropole. Ende des 19. Jahrhunderts glich die Stadt einer Riesenbaustelle, und die Banken zeigten sich großzügig, wenn es um die Bewilligung von Krediten für aussichtsreiche Unternehmensprojekte ging. Berlin, auf halbem Wege zwischen Paris und Moskau, wurde zu einem politischen Zentrum Europas, galt als Kristallisationspunkt für Handel, Gewerbe und Finanzen und wirkte wie ein Magnet auf aufstrebende, karrierelustige Geschäftsleute. Der Wirtschaftsaufschwung und der erhöhte Warenbedarf in einer stetig anwachsenden Stadt hatten neue Märkte und Absatzformen entstehen lassen. Unter denen, die diese Anziehungskraft verspürten, waren viele Juden, vor allem aus Osteuropa. Die Hoffnung, an dieser Gründerzeit teilhaben, von ihr profitieren zu können, ermunterte zu Investitionen. 1860 zählte man in Berlin 18 900, zwanzig Jahre später bereits 53 900 jüdische Einwohner.[3] Keine andere Bevölkerungsgruppe entschied sich so vorbehaltlos für das Reich und seine Hauptstadt, die nach einem Wort von Walther Rathenau vom ›Sparta des Nordens‹ zum ›Chicago an der Spree‹ geworden war. Theodor Fontane schrieb ein Gedicht über die Feier zu seinem fünfundsiebzigsten Geburtstag im Jahre 1894 und freute sich über die Gratulanten:

» ... die Meyers kommen in Bataillonen,
Auch Pollacks und die noch östlicher wohnen;
Abram, Isack, Israel,
Alle Patriarchen sind zur Stell',
Stellen mich freundlich an ihre Spitze,
Was sollen mir da noch die Itzenplitze!«

Die letzte Zeile spielt auf den preußischen Adel an, dessen Vertreter der Dichter auf der Feier vermißt haben will. Und Gottfried Benn, der anfangs von nationalsozialistischen Idealen geblendete Dichter, schrieb schließlich: »Die überströmende Fülle von Anregungen, von artistischen, wissenschaftlichen, geschäftlichen Improvisationen, die bis 1933 Berlin neben Paris rückten, entstammten zum großen Teil der Begabung dieses Bevölkerungsanteils, seinen internationalen Beziehungen, seiner sensitiven Unruhe und vor allem seinem todsicheren Instinkt für Qualität.«[4]

Für immer haben sich bestimmte Namen in die Geschichte der Stadt Berlin eingeschrieben. Ihre berühmten Bürgerfamilien sind überwiegend jüdischer Herkunft. Sie haben die Stadt in den verschiedensten Bereichen geprägt und sich immer wieder als Stifter und Mäzene verdient gemacht. Das Mosse-Haus des Verlegers Rudolf Mosse im Zeitungsviertel ist Ausgangspunkt für den ersten der sieben Spaziergänge durch Berlins Mitte, zu denen das vorliegende Buch einladen möchte. Ganz in der Nähe, rund um den Hausvogteiplatz, dreht sich alles um die Berliner Konfektion, die vorwiegend von jüdischen Textilunternehmern vertrieben wurde, Gerson und Manheimer sind nur zwei von vielen Namen, denen man auf diesem zweiten Spaziergang begegnen kann. Die Jägerstraße ist vor allem durch die Dynastie der Mendelssohns zu einer ausgewiesenen ›Geschichtsmeile‹ geworden, über die der dritte Parcours führt: Aus der

Bankiersfamilie gingen Kunstliebhaber und Künstler hervor, die Geschwister Fanny Hensel und Felix Mendelssohn-Bartholdy traten im Haus der Familie am Leipziger Platz in jungen Jahren als musikalische Talente in Erscheinung. Dort beginnt auch der vierte Spaziergang, der zu den großen Warenhäusern Berlins führt oder zu dem, was am alten Ort an sie erinnert: Wertheim und Tietz sind hier die zugkräftigen Namen. Der fünfte Spaziergang beginnt beim Magnus-Haus am Kupfergraben. Es ist benannt nach Gustav Magnus, einem Pionier der Experimentalphysik, dessen Erkenntnisse wichtig für die moderne Medizin waren. Er führt über die Linden an der Universität vorbei, wo auch Einstein lehrte. Von dort geht es zur Charité, dem Stammhaus der berühmten Klinik. Der sechste Weg führt in die Oranienburger Straße mit der Neuen Synagoge und zu den zahlreichen jüdischen Institutionen in ihrer Umgebung. Siebtens schließlich geht es ins Scheunenviertel am Rosa-Luxemburg-Platz, jenem Gebiet, in dem sich traditionell die jüdischen Einwanderer aus dem Osten niederließen und das bereits zu großen Teilen zu Beginn des 20. Jahrhunderts abgerissen wurde: eine Namen- und Spurensuche.

Es bietet sich an, die ersten drei bzw. die letzten drei Spaziergänge miteinander zu kombinieren: Zeitungs-, Konfektions- und Bankenviertel grenzen aneinander. Wer wiederum vom Magnus-Haus zur Charité gegangen ist, hat es nicht mehr weit in die Oranienburger Straße und das alte Scheunenviertel. Der mittlere, vierte Spaziergang auf den Spuren der Wertheims und ihren Kaufhäusern führt über größere Distanzen und stellt deshalb gewiß eine ›Extratour‹ dar.

Die vorgeschlagenen Wege sind literarische Spaziergänge, weil Augenzeugen sie begleiten, Dichter und Schriftsteller. Dort, wo der Krieg oder einfach nur Abrißwut ein Haus verschwinden ließen, zu dem der Spaziergang führt, wo sich eine Brache auftut oder ein Neubau steht, müssen sie sprechen und der Vorstellungskraft auf die Sprünge helfen. Moses Mendelssohn im 18. Jahrhundert, Heinrich Heine oder Rahel Varnhagen im 19. Jahrhundert, Kurt Tucholsky oder Walter Benjamin, Vicki Baum oder Irmgard Keun im 20. Jahrhundert, immer wieder haben Schriftsteller und Schriftstellerinnen Berlin in ihren Büchern porträtiert, vor allem die Betriebsamkeit des Zeitungsviertels, den Glanz der Konfektions- und Warenhäuser. Die Vielseitigkeit der Mendelssohn-Dynastie, die Verdienste der Naturwissenschaften, das religiöse Leben in den Synagogen sind ebenso in die Weltliteratur eingegangen wie das untergegangene und wieder beschworene Scheunenviertel. Gerade hier, im Scheunenviertel, wird deutlich, daß jüdisches Leben in Berlin von den vielen unbekannt gebliebenen Menschen ebenso geprägt wurde, wie von den hier vorgestellten Dichtern, Denkern und Unternehmerfamilien.

Orte jüdischen Lebens in Berlin

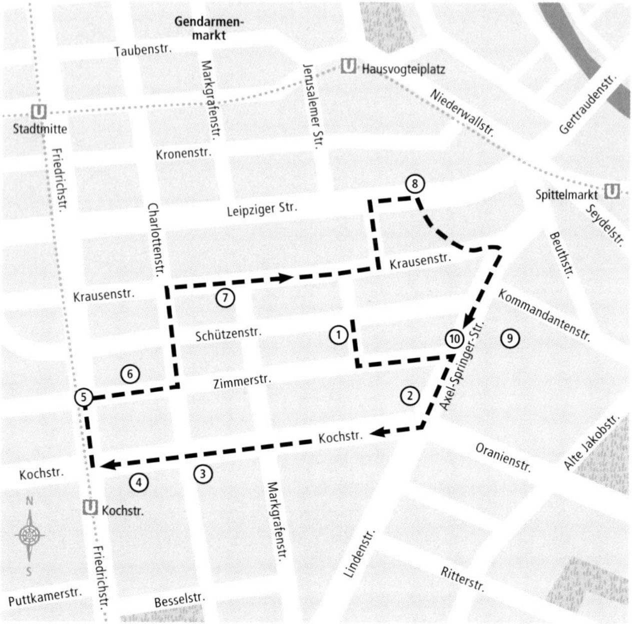

1 Mosse-Haus – 2 Axel-Springer-Hochhaus – 3 GSW-Hochhaus – 4 Kochstraße 25: TAZ-Gebäude – 5 Checkpoint Charlie – 6 Alfandary-Haus – 7 Krausenhöfe – 8 Dönhoffplatz – Meilensäule – 9 Ehemalige Synagoge in der Lindenstraße – 10 Stefan Balkenhols ›Balanceakt‹

1 Das Zeitungsviertel

Rund um das Mosse-Haus

»Die Berliner Journalisten waren ihrem Quartier verfallen, am liebsten fuhren sie mit dem Kinderwagen in das Viertel hinein und erst mit dem Leichenwagen wieder hinaus. Sie wußten alle, wie schön die Welt war, aber sie fühlten sich am glücklichsten, wenn sie zwischen ihren alten zernarbten Mauern saßen, im Terpentindunst ihrer Setzereien, im stickigen Zigarettenrauch der Kaffeeklappen und Porterbierdestillen, in den italienischen Lokalen mit den Papierblumen und in ihren Druckereikellern mit den eisernen Wendeltreppen, wo die Rotationsmaschinen dröhnten.« WALTER KIAULEHN[5]

Die südwestliche Ecke von Schützen- und Jerusalemer Straße wird markiert durch einen Bau, der durch seine außergewöhnliche Stilmischung ins Auge springt. Es ist das wohl spektakulärste Stück Architektur im ganzen Zeitungsviertel. Von den großen alten Verlagshäusern, die sich in diesem Karree um Schützen-, Koch-, Zimmer- und Jerusalemer Straße einmal gruppierten, ist es auch das einzige, das im großen und ganzen erhalten geblieben ist. Auf einem gründerzeitlichen Torso sitzt wie ein riesiges Diadem ein expressionistischer Aufbau, der Haupteingang ist von schwarzglänzenden Fliesen eingefaßt. Es war der Architekt Erich Mendelsohn, der den Gründerzeitbau 1923 durch seine kühnen Eingriffe in eine Ikone der Moderne verwandelte. Wirft man jedoch einen Blick durch die Tür, sieht man indessen die alte Marmortreppe mit verschnörkeltem schmiedeeisernen Geländer, die schwungvoll nach oben führt. Im Foyer des Hauses steht eine antike Druckerpresse. Die kleine Aus-

stellung, zu der sie gehört, klärt darüber auf, wo man sich gerade befindet: im Mosse-Haus, wo der gleichnamige Verlag seinen Sitz hatte und wo das *Berliner Tageblatt* und weitere beliebte bzw. wichtige Zeitungen der Berliner Presselandschaft entstanden sind, das *Deutsche Reichsblatt*, die *Berliner Morgen-Zeitung*, die *Allgemeine Zeitung des Judenthums*, die *Berliner Volks-Zeitung*. In Vitrinen entdeckt man auf einem alten Photo auch das Konterfei von Rudolf Mosse, dem Gründer des Verlages.
Rudolf Mosse (1843-1920) war eines von vierzehn Kindern des Landarztes Marcus Mosse aus dem Posenschen Grätz, heute Grodzisk Wielkopolski. Auf der Suche nach Glück und Erfolg gingen die Söhne allesamt nach Berlin. Der älteste, Salomon, gründete das Leinenhaus Mosse in der Jägerstraße in Mitte. Albert und Maximus wurden zu angesehenen Juristen – Albert gehörte sogar zu den wenigen privilegierten Juden, die ein hohes Richteramt ausüben durften; eine Zeitlang am Innenministerium in Tokio tätig, zeichnete er als Urheber der japanischen Kommunalgesetzgebung. Und schließlich Rudolf Mosse: Er kam 1861 im Alter von achtzehn Jahren mit einer abgeschlossenen Buchhandelslehre nach Berlin. Im ziemlich unübersichtlichen und kleinteiligen Buch- und Zeitschriftenhandel entdeckte er alsbald eine Marktlücke: das Anzeigengeschäft. Warum, so fragte er sich, ist bislang eigentlich noch niemand darauf gekommen, den Anzeigenvertrieb als zentralisierten, also kundenfreundlicheren Service anzubieten? Und so eröffnete er am 1. Januar 1867 in der Friedrichstraße, Ecke Leipziger Straße, die ›Annoncen-Expedition Rudolf Mosse‹. Die Agentur übernahm Plazierung, Streuung und Druck der Werbung für die Anzeigenkunden, den Verlegern wiederum wurde die gesamte Verwaltung des Anzeigenwesens abgenommen. Mosses den Markt fortan bestimmende Erfindung war der ›Normzeilenmesser‹ – diese Standardisie-

rung der Annoncenformate und -preise ist seine bis heute gültige Innovation. Sten Nadolny verschafft dem Neuerer einen kurzen Auftritt in seinem *Ullsteinroman*: »... dieser Mosse, der wohl selber nicht wußte, was er machte, denn er antwortete: ›Das ist schwer zu erklären‹ und lachte so komisch. Papa sagte abends geistesabwesend: ›Mosse ist Zwischenhändler für Zeitungsannoncen, ein tüchtiger junger Mann ...‹, um dann hinzuzufügen: ›Jetzt ist nichts mehr, wie es war.‹«[6]

Das Geschäft florierte, allein die altehrwürdige *Vossische Zeitung* lehnte es kategorisch ab, Rudolf Mosse die übliche Provision zu zahlen, denn sie fürchtete das Ende ihres bislang unangefochtenen Monopols. Mosses Reaktion darauf war durchaus keck: Kurzerhand gründete er seine eigene Zeitung zur Anzeigenverbreitung: Sein bürgerlich-liberales *Berliner Tageblatt* erschien pünktlich im Jahr der Reichsgründung erstmals im Dezember 1871 – als offizielles Gründungsdatum gilt jedoch der 1. Januar 1872. Mosses ›Annoncen-Expedition‹ lief als Parallelgeschäft bestens und bildete bis 1892 ein Netz von 127 Filialen in Städten wie Prag, Wien, Zürich und London. Der junge, wagemutige Verleger erwarb eine Immobilie in der Jerusalemer Straße 48, die zur Keimzelle des in den folgenden Jahren immer weiter expandierenden Verlagshauses wurde.

Bei Mosse wurde an Stehpulten gearbeitet, die Redaktionen hatten sogar Clubcharakter, wie Kiaulehn berichtet, »und der blaue Dunst waberte über den rauchenden Köpfen«[7]. Als es innerhalb der Redaktion des *Berliner Tageblatts* zu Unstimmigkeiten über die Blattgestaltung kam, gründete ein Teil der Mitarbeiter das *Neue Berliner Tageblatt*, das 1877 von Leopold Ullstein gekauft wurde und den Grundstein für den Erfolg des Fürther Unternehmers begründete – mit einer Papiergroßhandlung an der Friedrichsgracht in Mitte hatte er 1848 in Berlin Fuß gefaßt.

Das Verlagshaus von Rudolf Mosse in der Jerusalemer Straße war Arbeitsstätte von Kurt Tucholsky, Egon Erwin Kisch und Co.

Doch die neue Konkurrenz focht Rudolf Mosse nicht an: Rund zehn Jahre nach Gründung seines *Berliner Tageblatts*, das zwölfmal wöchentlich erschien, durfte er den fünfzigtausendsten Abonnenten zählen. Inzwischen verlegte Mosse auch mehrere kleine Zeitschriften sowie die Berliner Adreß- und Telephonbücher, und die schaffte sich nun wirklich fast jeder in der Stadt an. Der wachsende Erfolg weckte Begehrlichkeiten, und Mosse dehnte seine Liegenschaften aus: 1882 kaufte er das Nachbarhaus in der Jerusalemer Straße 49 dazu, bis 1903 hatte er noch acht weitere angrenzende Grundstücke in der Jerusalemer- und der Schützenstraße erworben und konnte nun auf 6000 Quadratmetern seinen eindrucksvollen Verlagsneubau errichten, dessen Eingangsportal an der Straßenecke von zwei geflügelten Pferden bewacht wurde, von Pegasus, dem Fabeltier der schreibenden Zunft.

Von den stolzen Rössern am Eingang des Mosse-Hauses ist heute nichts mehr zu sehen. Wie historische Aufnahmen dokumentieren, wurde das Gebäude 1918 arg in Mitleidenschaft gezogen, als mitten im Zeitungsviertel die Revolution tobte: kraterartige Einschußlöcher blieben übrig, nachdem der Spartakus-Aufstand niedergeschlagen worden war, zeigte die Fassade ein Narbengesicht. Sten Nadolny im *Ullsteinroman*: »Draußen hatte der Bürgerkrieg begonnen. Und obwohl keine Zeitungen gedruckt wurden – Mosse, Scherl und der ›Vorwärts‹ waren ebenfalls besetzt –, schwärmten die Photographen und Reporter aus, sammelten Bilder und Zeugnisse, um für das Wiedererscheinen ihrer Blätter am Tage X gerüstet zu sein. Das, was sie in die Redaktionen zurückbrachten oder besser schmuggelten, hätte ganze Bände gefüllt. Es war eine traurige, ja schreckliche Materie.«[8] Die Revolution im November 1918 war unblutig verlaufen und hatte vom Kaiserreich zur Republik geführt. Was als Spartakus-Aufstand in die

Geschichtsbücher eingegangen ist, vollzog sich in der Woche vom 5. bis zum 12. Januar 1919: Kommunistische Arbeiter besetzten die Verlagshäuser, das war strategisch wichtig, denn hier saß man direkt am Hebel, an der Druckerpresse, wo Schlagzeilen im Sinne der Revolution gemacht werden sollten. Den Linken war weniger der liberale Mosse ein Dorn im Auge, als Ullsteins sensationslüsterne *Berliner Morgenpost*, schon damals respektlos als ›Mottenpost‹ tituliert. Dennoch blieb gerade das Mosse-Haus bis zum bitteren Ende die umkämpfte Bastion der Spartakisten. Angestrebt war eine Räteregierung nach sowjetischem Vorbild. Auch das Haus von Mosse wurde belagert, auf den Straßen im Zeitungsviertel verschanzten sich bewaffnete Aufständische hinter dicken Walzen unbedruckten Zeitungspapiers. Als nationalistische Freikorps dem Aufstand brutal ein Ende setzten, gab es zahlreiche Tote und Verletzte, die Anführer des Aufstands, Rosa Luxemburg und Karl Liebknecht, wurden hinterrücks ermordet. Die Berichterstattung in den bürgerlichen Zeitungen, zu denen auch das *Berliner Tageblatt* gehörte, verzerrte das Geschehen, indem sie davon sprach, Liebknecht sei bei einem Fluchtversuch erschossen worden, Rosa Luxemburg von der aufgebrachten Menge gelyncht.

Im Februar wurde in Weimar die Nationalversammlung eröffnet. Ein neues Zeitalter brach an: die Jahre der Weimarer Republik. Rudolf Mosse jedoch erlebte das neue Jahrzehnt nicht mehr. Er starb am 8. September 1920. Sein gesamtes Erbe fiel an die Tochter Felicitas, das Unternehmen blieb in Familienbesitz unter Leitung des Schwiegersohns Hans Lachmann-Mosse, einem gelernten Bankkaufmann, der zuvor schon ein Jahrzehnt lang Mitarbeiter im Verlag gewesen war. Die Sanierung der beschädigten Fassade tat Not, und der neue Verlagschef entschied sich dafür, ihr gleich ein völlig anderes Aussehen zu verleihen.

»Eine neue Gesinnung sucht nach neuem Ausdruck«, heißt es in einer Broschüre über das Neue Bauen der zwanziger Jahre.[9] Und Walter Kiaulehn, Journalist bei Ullstein, schrieb: »Der originellste Bau im ganzen Viertel war das Mossehaus. Es spielte Wolkenkratzer und Neue Sachlichkeit, war aber ganz barock. Der Bau stammte aus den [achtzehnhundert]siebziger Jahren, ein Mischmasch aus Renaissance und Zopfstil. In den [neunzehnhundert]zwanziger Jahren hatte dann der Baumeister Mendelsohn mit viel Weltanschauung und ebensoviel Beton, Glas und schwarzen Keramikplatten dem vierstöckigen Gebäude noch zwei Etagen aufgesetzt und die Ecke Jerusalemer- und Schützenstraße als Turm ausgebildet. Die vertikalen Linien des alten Bauwerks waren jetzt durch langhinfluchtende, massige Horizontalen dramatisiert. Es sah nach sehr aufgeregtem Kapitalismus und Amerika aus, war aber nichts als eine romantische Spielerei. Innen drehten sich noch immer die Barocktreppen um den verschnörkelten Fahrstuhl.«[10]
Nicht nur der Hausfassade, auch der Zeitung gab man in dem neuen Jahrzehnt ein neues Gesicht: 1928 wurde beim *Berliner Tageblatt* die serifenlose Antiqua-Druckschrift eingeführt; sie löste die bisher übliche Frakturschrift ab und sorgte für internationale Lesbarkeit des Blattes – und dies war wiederum eine kleine Revolution im deutschen Zeitschriftenwesen.

Die Verlage siedelten sich vorzugsweise hier in der südlichen Friedrichstadt an, denn so befanden sie sich in nächster Nähe zu den Zentren der Macht in der Wilhelmstraße sowie zum Wolffschen Telegraphenbüro Charlotten-, Ecke Zimmerstraße, der führenden deutschen, international operierenden Nachrichtenagentur – heute steht hier ein Versicherungsneubau. Hier konzentrierte sich die Presse. Carl Zuckmayer, als junger Autor in den zwanziger Jahren in der Hauptstadt, staunte nicht schlecht, daß er auf Empfängen immer gleich alle Verleger auf einmal antreffen konnte: »Jeder dritte Smoking, der einen Teller mit kaltem Lachs oder ein Glas Sekt in der Hand hielt, trug einen Zeitungskopf oder einen Buchrücken als Namen: hier ein Ullstein, dort ein Mosse, da ein S. Fischer, drüben ein Rowohlt, hüben ein Kiepenheuer. Man hätte sich nicht gewundert, wären die Horen des Horenverlages persönlich hereingeschwebt, um sich einen Courvoisier oder einen Whisky anbieten zu lassen.«[11]

Neben Mosse und Ullstein bestimmte der Verlag von August Scherl die Berliner Zeitungslandschaft. Der Scherl-Verlag wurde schon 1916 an den rechtsnationalen Verleger Alfred Hugenberg verkauft – einen Wegbereiter Hitlers, der sein wachsendes Medienimperium zu Propagandazwekken mißbrauchte. Neben vielen anderen Zeitungen bzw. Zeitschriften, die er übernahm, erschienen um die Jahrhundertwende im Scherl-Verlag die *Berliner Abendzeitung*, die populäre *Gartenlaube* oder die *Filmwelt*. Von Scherls altem Verlagsgebäude an der Zimmerstraße ist nichts mehr zu sehen, statt dessen steht da heute »das größte Zeitungsdruckhaus des europäischen Kontinents [...], ein strahlender Wolkenkratzer mit zwanzig Stockwerken, der wie ein goldenes Feuerzeug direkt in den Himmel Deutschlands ragt«[12]. Das Hochhaus schräg gegenüber vom Mosse-Haus ist das Springer-Hochhaus. Auf dem Weg dorthin, die Jerusalemer Straße in südlicher Richtung hinunter, überquert man mit der Zimmerstraße zugleich die Grenze zwischen zwei Bezirken, hier ist Mitte zu Ende, Kreuzberg beginnt. Jahrelang war hier Totentanz, denn an der Bezirksgrenze verlief seit 1945 auch die Sektorengrenze und seit 1961 die Berliner Mauer. Damit war die Chance, das Berliner Zeitungsviertel als ganzes wiederzubeleben fürs erste vertan, ja, der Stadtgrundriß als ›Gedächtnis der Stadt‹ war

Die 5,70 Meter hohe Skulptur ›Balanceakt‹ von Stephan Balkenhol steht vor dem Axel-Springer-Haus am einstigen Mauerverlauf

an dieser Stelle im Niemandsland verschwunden. Als Axel Springer hier 1966 seinen Turm einweihte, flimmerten bald Leuchtbuchstaben an der Dachkante entlang, die aktuellen Schlagzeilen des Westens, die – sehr zum Verdruß der DDR-Regierung – in den Osten hinüberleuchteten. Vom kalten Krieg ist inzwischen nichts mehr zu spüren. An der Zimmerstraße hinter dem Springer-Hochhaus erinnert seit Mai 2009 eine Arbeit des Künstlers Stephan Balkenhol an den Fall der Mauer, der ›Balanceakt‹. Die fünf Meter siebzig große Bronzefigur eines Mannes in weißem Hemd und schwarzer Hose balanciert mit einem Bein auf einem Mauerstück an der Stelle, wo die Grenze zwischen Ost- und Westberlin ehemals verlief. Im geographisch südlichen, politisch westlichen, im Kreuzberger Teil des Zeitungsviertels hatte man vor allem im Rahmen der Internationalen Bauausstellung 1987 noch in den 1980er Jahren brachliegende Flächen neu bebaut. Inzwischen hat sich das gesamte Zeitungsviertel wiederbelebt, auch wenn nicht jede Lücke sich schon wieder schließen ließ. Ein großes zugewuchertes ehemaliges Trümmergrundstück zwischen Mosse-Haus und dem Springer-Komplex läßt erahnen, wie es hier lange ausgesehen hat, bis nach der Wende mit Sanierung und Neubebauung begonnen wurde.

Der Springer-Komplex hat sich im vergangenen Jahrzehnt in die andere Richtung, zwischen Zimmer- und Kochstraße, mit einem großen Neubau ausgebreitet – doch Achtung, Schilder mit dem Namen Kochstraße wird man hier nicht mehr finden. Ihr östlicher Abschnitt zwischen Friedrich- und Axel-Springer-Straße wurde auf Vorschlag der *taz* und gegen den Widerstand von Springer nach gerichtlichem Hin und Her im Jahre 2007 zum Gedenken an den Studentenführer in Rudi-Dutschke-Straße umbenannt. Ein echtes Politikum: Sein Name als Adresse des Springer-Verlages wäre den Machern der *Morgenpost* unakzeptabel erschienen; schon vor einigen Jahren war der Haupteingang an die Axel-Springer-Straße verlegt worden – jedoch erklärtermaßen als symbolische Öffnung zur Stadtmitte hin. Vor dem ehemaligen Haupteingang in der alten Kochstraße wacht zwischen Grünpflanzen eine steinerne Ullstein-Eule, Symbol der Weisheit und bald auch des Verlages, den Springer 1960 von den Erben erwarb. Diese Eule stammt von der Ruine des zerstörten Ullstein-Hauses an der Ecke von Koch- und Charlottenstraße.

Wie Rudolf Mosse expandierte auch Leopold Ullstein zwischen 1901 und 1918, indem er fast alle Grundstücke des Häuserblockes südlich der Kochstraße, zwischen Bessel-, Markgrafen- und Charlottenstraße, nach und nach zusammenkaufte. Auf dem alten Ullstein-Gelände an der heutigen Rudi-Dutschke-Straße ragt seit 1999 das GSW-Hochhaus der Architekten Sauerbruch und Hutton in den Himmel, die weithin sichtbare gekrümmte Scheibe mit zweiundzwanzig Stockwerken und den charakteristischen Sonnenblenden in Rot, Pink und Orange kann mit Fug und Recht als neues Wahrzeichen des Zeitungsviertels bezeichnet werden – sie ist mit 85 Metern um 17 Meter höher als das Springer-Hochhaus und bildet sein farbenfrohes Pendant auf der anderen Straßenseite. Ein paar Schritte weiter und jenseits der Charlottenstraße, in der Rudi-Dutschke-Straße 25, befindet sich seit 1989 die Redaktion der *taz*. Das reich verzierte Haus aus dem Jahr 1906 war ursprünglich Sitz mehrerer Filmgesellschaften; heute hat es einen modernen gläsernen Anbau und heißt »Rudi-Dutschke-Haus«. Hier, auf den durchgestylt roten Möbeln im *taz*-Café, kann man sich auf einen ›tazpresso‹ niederlassen. Und wenn man vielleicht bei einem ökologisch einwandfreien Mittagstisch in Gesellschaft von Redakteuren (die man daran erkennt, daß sie mit roter Chipkarte zahlen) durch die großen Scheiben schaut, kann man sich davon überzeugen, daß das alte

Zeitungsviertel zu seinem früheren Leben erwacht ist. Dank so gegensätzlicher Institutionen wie dem Springer-Verlag mit seinen verschiedenen Publikationen oder der *taz* sowie etlicher Medienunternehmen, die ihren Sitz rund um Koch-, Schützen- und Jerusalemer Straße haben, kann man wieder von einem Zeitungsviertel als Ort der Meinungsfreiheit sprechen. In der Markgrafenstraße 15 befindet sich seit 2000 das ›Haus der Presse‹ mit Sitz des Bundesverbands deutscher Zeitschriftenverleger.

Sowohl für Mosse als auch für Ullstein schrieben Autoren, die bereits einen Namen hatten oder dabei waren, sich ihn zu machen. Heute liest sich die Liste der im Zeitungsviertel beschäftigten Journalisten und der freien Autoren wie ein Who's who von Schriftstellern der Weimarer Republik. Zwischen Dezember 1918 und März 1920 war Kurt Tucholsky (1890-1935) Chefredakteur von *Ulk*, der nur vier Seiten umfassenden satirischen Wochenbeilage des *Berliner Tageblatts*, die es aber in sich hatte, weil hier ohne Rücksicht auf Zensur in Text und Karikatur die Politik auf die Schippe genommen wurde. Bereits als Siebzehnjähriger hatte Tucholsky im *Ulk* kaiserkritische Beiträge veröffentlichen können, anonym, und Mosse hatte den jungen Journalisten und promovierten Juristen nach Ende des Krieges eigens für das neu ins Leben gerufene Blatt engagiert. Der so gnadenlose wie kompetente Beobachter seiner Zeit schrieb unter verschiedenen Pseudonymen, Kaspar Hauser, Ignaz Wrobel, Peter Panter, für den *Ulk* als Theobald Tiger, und hatte hier einen Artikel pro Woche zu liefern. Er arbeitete in seinem eigenen Büro im Mosse-Haus und war bald berühmt, nicht nur seiner Artikel, sondern auch seiner Chansontexte wegen, die er zwecks Nebenerwerb verfaßte. »Schauspieler sprachen seine Verse, Diseusen liebäugelten mit Herrn Theobald, Zeitungen druckten ihn nach,

Die Eule, Markenzeichen des Ullstein-Verlages, steht als Überrest des alten Verlagsgebäudes vor dem Axel-Springer-Haus in der Rudi-Dutschke-Straße

junge Damen schrieben Briefe, mit einem Wort: Das Tigertier war populär geworden.«[13] Die starke Auflage der Gratisbeilage hatte Tucholsky bei den *Tageblatt*-Lesern zu einem Markennamen gemacht. Als er die Redaktion des *Ulk* nach knapp zwei Jahren wieder verließ, wechselte er zum Verlag der Partei, der er 1920 beigetreten war, der USPD, und schrieb dort für *Die Freiheit* und die *Freie Welt*. Tucholsky zog 1924 nach Paris und arbeitete dort als Korrespondent für verschiedene Zeitschriften des Ullstein-Verlags, bevor er dem 1926 verstorbenen Siegfried Jacobsohn auf dem Posten des Chefredakteurs bei der legendären *Weltbühne* folgte. Von Paris aus führte er die Geschäfte, traf sich auf seinen vielen Reisen mit dem Herausgeber Carl von Ossietzky, denn er war nur sporadisch in Berlin, seiner Geburtsstadt, die so oft Gegenstand seiner Essays und Gedichte gewesen war und der er 1933 endgültig den Rücken kehren mußte.

In der *Tageblatt*-Redaktion ging seit 1925 auch die junge Journalistin Gabriele Tergit (1894-1982) ein und aus. Ihre Spezialität waren Gerichtsreportagen, in denen sie mit kritischen Stellungnahmen gegenüber gesellschaftlichen Mißständen nicht hinterm Berg hielt. Mit spitzer Feder schrieb sie über braune Schläger und über kleinbürgerliche Denunzianten, die die Justiz beschäftigten. Tergit schrieb auch einen Roman, *Käsebier erobert den Kurfürstendamm*, der 1931 erschien. Darin entwarf sie ein lebendiges Sittenbild der damaligen Zeit, schrieb über Korruption im großen Stil bei Grundstücksspekulationen im aufstrebenden Westen der Stadt oder über das bedrohliche Aufkommen der Rechten. Auch die *Tageblatt*-Redaktion erweist sich als literarischer Schauplatz: Sie ist im Roman zwar in der Kommandantenstraße angesiedelt, »halb schon Konfektions- und halb noch Zeitungsviertel, beginnt an der Leipziger Straße mit einem hübschen Blick auf die Bäume des Dönhoffplat-

zes [...] und verliert sich in der Proletarier- und Fabrikgegend der Alten Jakobstraße«. Das Verlagshaus selbst ist jedoch unschwer als das Mosse-Haus zu identifizieren, »ein breites, langgestrecktes altes Haus«, Baujahr 1868.[14]
Egon Erwin Kisch (1885-1948) beeindruckte bei Mosse als ›rasender Reporter‹. Der Sohn eines jüdischen Tuchhändlers aus Prag war dort zunächst Korrespondent für das *Tageblatt* und kam 1921 nach Berlin. Seine hier entstandenen Reportagen versammelte er unter dem Titel *Der rasende Reporter*, das Buch erschien 1925 und wurde ebenso wie Tergits *Käsebier*-Roman sofort ein Erfolg. Golo Mann (1909-1994) veröffentlichte seine ersten Artikel in der Hauptstadt in Mosses *Acht-Uhr-Abendblatt*. »Berlin war wirklich *die* Zeitungsstadt«, schreibt er, der Ende der zwanziger Jahre hier an der Universität studierte, »die Zeitungen im Lande, mit Ausnahme der Frankfurter und Kölnischen, provinziell, allenfalls regional.«[15] In der Tat: 1928 gab es in Berlin hundert Tageszeitungen und noch einmal so viele periodisch erscheinende Unterhaltungsblätter sowie vierhundert Fachzeitschriften. Zu den freien Mitarbeitern des *Berliner Tageblatts* gehörten auch Max Brod, Bertolt Brecht, Franz Blei, Alfred Kerr, Heinrich Mann, Else Lasker-Schüler oder Stefan Zweig. Bereits seit 1906 war der brillante Feuilletonist Theodor Wolff Chefredakteur, »immer die Gaulois im Mundwinkel und [...] fast nie ohne Knopflochnelke«[16]. Wolff hatte 1887 eine kaufmännische Lehre im Verlag seines Cousins Rudolf Mosse begonnen und sich als Paris-Korrespondent für das *Tageblatt* bewährt. Als er 1894 in die französische Hauptstadt kam, berichtete er sogleich über die Dreyfus-Affäre nach Berlin, die umstrittene Verurteilung des jüdischen Hauptmanns Alfred Dreyfus zu lebenslanger Haft, dem Landesverrat vorgeworfen wurde. Nur schwer trennte er sich 1906 wieder von Paris, wo er nach eigenem Bekunden seine glücklichsten Jahre

verbracht hatte, doch es lohnte sich: Unter Wolffs Ägide gewann das *Tageblatt* an Weltläufigkeit und journalistischem Schliff. Seine mit dem Kürzel T. W. gezeichneten Leitartikel waren bald berühmt und galten als meinungsbildend in der preußischen Hauptstadt.
Der Ullstein-Verlag versammelte ebenfalls Autoren, deren Namen in die Literatur- und Filmgeschichte eingegangen sind: Peter Suhrkamp war freier Mitarbeiter bei Ullsteins *Uhu*, Billy Wilder, einer der erfolgreichsten Filmregisseure des 20. Jahrhunderts, schrieb zwischen 1927 und 1930 für den *Querschnitt*, das beliebte Literatur- und Kulturmagazin des Verlags, sowie Theater- und Filmkritiken für die *B. Z. am Mittag*. Das überaus gefragte Blatt wurde von Christian Morgenstern in einem Gedicht bespöttelt:

»Korf erfindet eine Zeitung,
Welche, wenn man sie gelesen hat,
Ist man satt, ohne jede Zubereitung
Irgendeiner andern Speise.
Jeder auch nur etwas Weise
Hält das Blatt.«[17]

Der Ullstein-Verlag schrieb jedoch vor allem mit den überaus beliebten ›Romanen für eine Mark‹ eine literarische Erfolgsgeschichte, die eng mit dem Namen Vicki Baum (1888-1960) verbunden ist. Die geborene Wienerin, die über sich selber lakonisch sagte, sie sei eine erstklassige Schriftstellerin zweiter Güte, ging bei Ullstein zunächst einer Redaktionstätigkeit nach. In einem »kleinen, kargen Raum mit weißen Wänden« verfaßte sie Artikel für die *Berliner Illustrirte* und übte Zeitgeistkritik für das mondäne Frauenmagazin *Die Dame*. Baum entwarf dafür das Portrait einer jungen Frau von 1927, die alles Erdenkliche anstellt, um up to date zu sein – Ypsi, wie sie heißt, trägt hochmodische

Kleidung und läßt sich die Haare auf Teufel komm raus zum Bubikopf stutzen, sie spielt den Modesport Tennis selbst noch bei 39 Grad im Juli und stirbt fast an einer Nikotinvergiftung, denn rauchen ist ein Zeichen der Emanzipation. »Man müßte sie bewundern, was alles sie auf sich nimmt. Ehebruch, Kokain, Operationen, unbequeme Stühle aus Aluminium in ihrer getauteten Wohnung.«[18] Der Ullstein-Verlag warb seinerzeit »mit dem sportlichen Charakter des Hauses und seinem opulenten Turnsaal mit Höhensonne, Boxmatten, schwedischen Leitern und eleganten Bädern«[19], was Vicki Baum gefallen haben dürfte, die selbst eine begeisterte Hobby-Boxerin war. Baum avancierte bald zu einer der beliebtesten Unterhaltungsschriftstellerinnen jener Jahre: In der *Berliner Illustrirten Zeitung* erschienen fünf ihrer Romane im Vorabdruck: *stud. chem. Helene Willfüer, Feme, Zwischenfall in Lohwinkel, Leben ohne Geheimnis* und *Menschen im Hotel.* Als letzterer 1929 in Buchform erschien, wurde er umgehend zum Bestseller und machte die Autorin über Nacht berühmt. Das Buch, für das Vicki Baum zu Recherchezwecken in einem Berliner Hotel als Zimmermädchen angeheuert haben soll, wurde 1931 in Hollywood verfilmt, unter dem Titel *Grand Hotel* und mit Greta Garbo in der Hauptrolle.

Tritt man aus dem *taz*-Café hinaus und wendet sich nach links, kommt man zur Kreuzung Rudi-Dutschke-Straße, Friedrichstraße. Überquert man die Friedrichstraße vor der Kreuzung, trifft man gewöhnlich auf Schlangen, die vor Mauer- und Currywurstmuseum warten. Das Café in der Zimmerstraße am Checkpoint Charlie hat wieder ein durchlässiges Hinterland; in den denkmalgeschützten Räumen einer alten Apotheke, lange das legendäre Café Adler am Mauerstreifen, wo sich die Zeitungsleute trafen, befindet sich seit Mai 2009 ein Coffeeshop der Einstein-Kette.

Das reich mit Frauenfiguren und Bienenkörben geschmückte Alfandary-Haus schräg gegenüber in der Zimmerstraße 79-80, das jenseits der Mauer jahrelang ein Schattendasein fristete, ist seit 2000 in altem Glanz zu bestaunen, der Name des Hauses geht zurück auf die Brüder Alfandary, Salomon, Moise, Jaques und Raphael, die hier seit 1914 ein Teppichkontor betrieben. Lange konnte man hier an der Brandmauer noch das Logo der *Neuen Zeit* sehen, der Tageszeitung der CDU in der DDR, die gleich nach dem Zweiten Weltkrieg im Alfandary-Haus verlegt wurde. Nördlich der Zimmerstraße und ein paar Schritte entfernt von touristischem Auftrieb und den Souvenirständen mit Mauerstücken und Russenmützen am Checkpoint Charlie, in der ruhigeren Krausenstraße, wartet ein weiteres altes Geschäftshaus noch immer auf seine Erneuerung, das Haus Krausenstraße 37-39. Blickt man durch die großen staubigen Scheiben der alten Schaufenster, sieht man aufgerissene Böden und aus den Decken hängende Kabel, Tapeziertische mit Handwerkszeug und leeren Colaflaschen, was aber eher wirkt wie eine unantastbare Kunst-Installation und nicht wie eine Baustelle, auf der etwas vorangeht. Die ursprünglichen Mieter der 1911 erbauten sogenannten Krausenhöfe waren vorwiegend Anzeigen- und Nachrichtenagenturen; der rechtsnationale Alfred Hugenberg, der bereits den Scherl-Verlag gekauft hatte, schnappte sich auch dieses Haus, um ab 1933 den Verwaltungssitz der Ufa hier unterzubringen, die er kontrollierte. Seit 2003 steht das Haus leer, ein neuer Nutzer, der dem Zeitungsviertel Ehre macht, ist noch nicht gefunden für das sogenannte ›Projekt Haus Dönhoff‹. Dieser neue Name der alten Krausenhöfe soll an den verschwundenen Dönhoffplatz erinnern, an den sie früher grenzten. Wo heute zwischen den zwanzigstöckigen Wohnhochhäusern an der Leipziger Straße und einem eingezäunten Sportplatz unansehnliches

Kriechgrün sich ausbreitet, war bis zu seiner Zerstörung im Zweiten Weltkrieg ein belebter Ort. Der Schriftsteller und Publizist Franz Hessel beschreibt die Gegend, die in jener Zeit noch von der Jerusalemskirche mit ihrem Schinkelturm überragt wurde, sowie den an das Zeitungsviertel angrenzenden Dönhoffplatz als »überflutet von Trambahnen, Autos und Menschenmassen«.[20] Der Platz, eingefaßt von Jerusalemer-, Krausen-, Kommandanten und Leipziger Straße, war umgeben von Cafés und flankiert vom großen Warenhaus Tietz. Hier begegneten die Angestellten aus dem Zeitungsviertel denen aus dem Konfektionsviertel jenseits der Leipziger Straße. Der Dönhoffplatz war Dreh- und Angelpunkt der Geschäftsmetropole Berlin. Seine Auslöschung ist symbolisch für die jahrzehntelange Vernichtung der Gegend, bis heute sucht man den einst vor ›Journaille‹ nur so wimmelnden Dönhoffplatz auf dem Berliner Stadtplan vergebens. Zwischen den Hochhäusern aus den siebziger Jahren und am Rande des dichten Verkehrsstroms auf der Leipziger Straße steht dort, wo er sich einst befand, wie ein Fremdkörper ein barockes Halbrund: Es ist eine noch zu DDR-Zeiten aufgestellte Kopie der Spittelkolonnaden, 1776 von Karl von Gontard geschaffen, die ursprünglich die Brücke über dem Festungsgraben zierten; der Obelisk davor ist eine Postmeilensäule von 1730, die schon auf alten Plänen den Dönhoffplatz markiert hatte. Im Berliner Stadtgebiet existieren noch mehrere dieser alten Meilensäulen, etwa auf der Königstraße am Wannsee, Stadtteil Zehlendorf: ›III Meilen bis Berlin‹ – diese Aufschrift auf der Säule bezieht sich immer noch auf den Obelisken auf dem einst so wuseligen Dönhoffplatz, der so gründlich aus dem Stadtbild ausradiert wurde. In den Muschel-Ornamenten, die den barocken Kolonnadengang zieren, nisten ungestört die Tauben.

Eine Kopie der Spittelkolonnaden und eine rekonstruierte Postmeilensäule markieren heute die Stelle des einstigen Dönhoffplatzes

Wie sämtliche Zeitungen der deutschen Presselandschaft wurde auch das *Berliner Tageblatt* im Februar 1933 ›gleichgeschaltet‹ und 1939 schließlich ganz aufgelöst; die maßgeblichen Organe der neuen Herrscher im Land hießen fortan *Völkischer Beobachter* und *Der Angriff* – und es ging, wie schon allein die Titel unheilvoll verkünden, um totale Kontrolle und die Einstimmung eines ganzen Volkes auf den Krieg. Später »erinnerten sich einige Leute aus diesem Viertel an den Satz einer Rede, die Dr. Goebbels in den sogenannten Kampfjahren gehalten hatte: ›Wir werden die Rotationssynagogen in der Koch- und der Zimmerstraße schließen!‹«[21] Christopher Isherwood, der den Triumphzug der Nazis und die Willkür, mit der sie Gesetze erließen, als junger Schriftsteller in Berlin erlebte, notierte in seinen Aufzeichnungen: »Die Zeitungen ähneln mehr und mehr einem Schulverordnungsblatt. Nichts weiter als neue Bestimmungen, neue Strafen und Listen von Leuten, die eingesperrt wurden. Heute früh hat Göring drei neue Arten von Hochverrat erfunden.«[22]

Theodor Wolffs erfolgreiche Tätigkeit als Chefredakteur des *Berliner Tageblatts* endete schon 1932, als der Mosse-Verlag Insolvenz anmelden mußte. In der Nacht des Reichstagsbrands gelang Wolff und seiner Familie die Flucht über die Schweiz nach Südfrankreich. In Nizza verfaßte er, abgeschnitten von Möglichkeiten, sich als Journalist zu betätigen, historische Romane. Nach Frankreichs rascher Niederlage im ersten Kriegsjahr 1940 plante Wolff die Weiterreise in die USA, doch kamen italienische Besatzungstruppen dieser zuvor. Wolff wurde am 23. Mai 1943 im französischen Lager Drancy interniert und von dort ins KZ Sachsenhausen deportiert. Der Fünfundsiebzigjährige wurde schwerkrank ins Jüdische Krankenhaus nach Berlin-Wedding gebracht, wo er am 23. September 1943 starb. Der Theodor-Wolff-Preis wird heute als ›Journalistenpreis der deutschen Zeitungen‹ für bedeutende journalistische Leistungen vom Bundesverband Deutscher Zeitungsverleger verliehen. Der Theodor-Wolff-Park an der südlichen Friedrichstraße erinnert seit seinem 50. Todestag am 23. September 1993 an den großen Journalisten. »Wolff hatte am Tage der Reichstagswahl vom 31. Juli 1932 seinen Lesern geschrieben, es gehe ›Um alles!‹, und ahnungsvoll gewarnt: ›Ihr habt heute vielleicht zum letzten Male die Möglichkeit, selbst über euer Schicksal, über das Schicksal Deutschlands und über euer eigenes zu bestimmen.‹«[23]

Auch Gabriele Tergit, die sich in ihren Gerichtsreportagen durch ihre scharfe Kritik ohnehin exponiert hatte – gelang im März 1933 die Flucht aus Berlin, zunächst nach Prag und dann weiter nach London, von wo aus sie ihre Arbeit als Autorin fortsetzen konnte – doch die hoffnungsvolle Karriere war, wie die vieler ihrer Kollegen, für lange Zeit unterbrochen. Vicki Baum indessen hatte Glück: Durch *Menschen im Hotel* zu internationalem Ruf gekommen, unterbreitete man ihr 1932 ein lukratives Angebot aus Hollywood: Ob sie als Drehbuchautorin für die Film-Imperien Paramount und Metro-Goldwyn-Meyer arbeiten wolle. »Wäre ich nicht nach Amerika gegangen«, so die Wienerin jüdischer Herkunft, »dann wären wir alle in die Würscht gekommen.«[24] 1935 wurden ihre Bücher in Deutschland verboten. Auch der Nachfolger auf Rudolf Mosses Chefsessel, sein Schwiegersohn Hans Lachmann-Mosse, war zur Emigration gezwungen. Er ging zunächst nach Paris; 1939 wanderte er nach Kalifornien aus.

Goebbels' Bestreben, die Jerusalemer Straße umzubenennen, weil ihr Name unliebsame alttestamentarische Assoziationen weckte, scheiterte am Widerstand der Gemeinde der Jerusalemskirche am Ende der Kochstraße, die lange Zeit ein Wahrzeichen des Zeitungsviertels gewesen war. Die Ruine einer der größten Kirchen Berlins fiel 1960 Straßenerweiterungen zum Opfer – was also weder die Nazis noch die Fliegerbomben geschafft hatten, wurde durch das Diktum von der ›autogerechten Stadt‹ vollzogen. Der Mauerbau schließlich veränderte die Straßenführung in dieser Ecke vollends. Die Mauer schnitt die Kommandanten- von der Kochstraße gänzlich ab. Heute befindet sich an gleicher Stelle, in der Axel-Springer-Straße zwischen Kommandanten- und Kochstraße, ein großer Büroneubau. Man erreicht ihn, wenn man der Krausenstraße weiter nach Osten folgt. In der Lindenstraße, dem Stück, das heute Axel-Springer-Straße heißt, auf dem Gelände der Nummer 48-50, stand bis ins Jahr 1945 eine liberale Synagoge, mit zweitausend Sitzplätzen eine der größten und schönsten der Stadt. Daran erinnert ein von Zvi Hecker, Micha Ullman und Eyal Weizman gestalteter Innenhof, den man durch die breite Feuerwehrzufahrt erreicht, welche die Künstler in ihre Arbeit integriert haben. ›Passagen‹ heißt die Installation: Innerhalb des einstigen Grundrisses des Gebetshauses sind mehrere Reihen Bänke aus Stein aufgestellt, dort, wo früher die Gemeindemitglieder saßen. Zwischen den Bänken wachsen schlanke Birken zu einem kleinen Hain empor.

Ein Bombenangriff am Vormittag des 3. Februar 1945 verwandelte das gesamte Zeitungsviertel in Ruinen und verbrannte Erde. »Der Geist dieser großen, hellen Häuser soweit er noch in den Mauern gesessen hatte, erhob sich zusammen mit dem Staub in die Lüfte, verließ Berlin und trat eine Weltreise an«, schreibt Sten Nadolny im *Ullsteinroman*.[25] Das Mosse-Haus brannte zwar aus, blieb aber fast als einziges Gebäude so weit stehen, daß es nicht dem kompletten Abriß zum Opfer fiel und nach ersten notdürftigen Instandsetzungen Nachrichtenblätter der sowjetischen Militäradministration hier gedruckt werden konnten; zu DDR-Zeiten war gleichfalls eine Druckerei im Mosse-Haus untergebracht. Ende 1992 wurde mit Unterstützung von George Lachmann-Mosse, dem Enkel Rudolf Mosses, damit begonnen, das Mosse-Haus mit dem dynamischen Schwung Erich Mendelsohns denkmalgerecht zu rekonstruieren und es unter dem Namen des einstigen Besitzers zu einem Medienzentrum auszubauen; neben Sendestudios und Redaktionen birgt es unter seinem Dach unter anderem das Institut der Germanistik und Skandinavistik der Humboldt-Universität. Seit September 2007 besteht die gemeinnützige ›Initiative Berliner Zeitungsviertel‹, deren Anliegen es ist, die Erinnerung an das historische Pressequartier wachzuhalten und an die alte Tradition anzuknüpfen.

Die eineinhalb Kilometer lange Leipziger Straße verläuft zwischen dem einstigen Dönhoffplatz und dem Leipziger Platz, wo man abseits der Route durch das Zeitungsviertel noch einmal auf den Namen des Verlegers Rudolf Mosse stößt, auf das Mosse-Palais – nicht zu verwechseln mit dem Mosse-Haus. Der Bostoner Architekt Hans D. Strauch, ein Urenkel von Rudolf Mosse, entwarf auf dessen einstigem Grundstück ein Bürohaus, zu dem 1995 der Grundstein gelegt wurde. Es war auch das erste fertiggestellte und bezogene Gebäude am neu bebauten Oktogon und beherbergt seit 1998 das Deutschland-Büro und die Europa-Repräsentanz des American Jewish Committee. Das späte postmoderne Gebäude, das sich heute eher unauffällig in die Platzrandbebauung einfügt, erinnert kaum an das Palais, welches Rudolf Mosse sich 1880 hier am Leipziger Platz 15, grenzend an die rückwärtig verlaufende Voßstraße 22, hatte errichten lassen. An der Fassade des imposanten Backsteinbaus prangte ein Schmuckrelief mit der pathetischen Inschrift: ›Die Erhebung des deutschen Genius‹. Als leidenschaftliche Kunstsammler luden Rudolf Mosse und seine Frau Emilie auch gern zu großen Gesellschaften in ihre Privatgalerie ein, wo Gemälde von Böcklin, Corinth, Leibl oder Liebermann hingen, und nicht selten staunten die Besucher – tout Berlin ging hier ein und aus – über den sensiblen Kunstverstand des als doch so nüchtern und pragmatisch beleumundeten Verlegers. Den Speisesaal zierte ein kolossales Wandgemälde Anton von Werners, des Historienmalers des Kaisers und des neuen preußischen Geldadels. Das Bild, das im Jüdischen Museum in Berlin zu sehen ist, zeigt Rudolf Mosse in hedonistischer Pose im Kreise seiner Familie und seiner Freunde, um eine reich mit silbernen Kelchen und üppig beladenen Tellern gedeckte Tafel versammelt und gehüllt in Renaissance-Gewänder – ein damals beliebtes Stilmittel, um die Autorität der Porträtierten zu unterstreichen. Dies war allerdings nur eine Seite der großzügigen Selbstdarstellung. Der zeitlebens kühl rechnende Geschäftsmann, ein verdientes Mitglied der Jüdischen Reformgemeinde, war sich durchaus seiner sozialen Verantwortung bewußt. Seiner Posenschen Heimatstadt finanzierte er ein Krankenhaus, im Berliner Westen stiftete er 1895 mit seiner Frau Emilie ein interkonfessionelles Waisenhaus für Jungen und Mädchen, eine Tradition, die die Erben fortsetzten, unter anderem mit der Einrichtung von Suppenküchen für die verarmte Bevölkerung und der Finanzierung der Fräcke für die Berliner Philharmoniker. Die Stadt ehrte den Stifter 1972 mit einem Rudolf-Mosse-Platz und einer Rudolf-Mosse Straße im Stadtteil Wilmersdorf, wo – Rudolf-Mosse-Straße 11 – man auch das schloßartige, im Neobarock errichtete Mosse-Stift findet, das einstige Waisenhaus beherbergt heute das Jugendfreizeitheim ›Mosse‹ sowie andere Jugendeinrichtungen. Eine Gedenktafel erinnert an die Stifter.

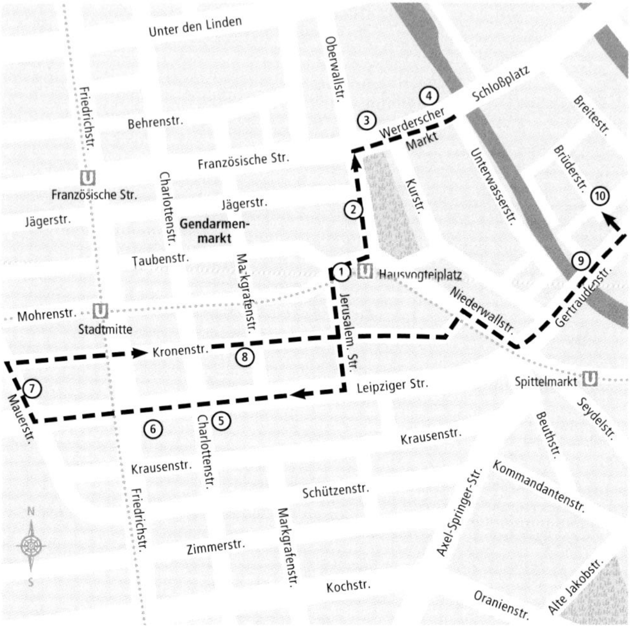

1 Hausvogteiplatz mit Denkzeichen und Haus zur Berolina – 2 Oberwallstraße 6, ehem. Kaufhaus der Firma Manheimer – 3 Friedrichswerdersche Kirche – 4 Bauakademie – 5 Ehem. Modehaus Kersten & Tuteur, Leipziger Straße 36 – 6 Mädler-Haus, Leipziger Straße 112 – 7 WMF-Haus, Leipziger Straße 112 – 8 Kronenpalais – 9 Ehem. Kaufhaus von David Leib Lerin – 10 Ehem. Kaufhaus Hertzog

2 Das Konfektionsviertel

Rund um den Hausvogteiplatz: Gerson, Manheimer & Co.

»Wie der Markt von Bagdad seine Basare, so hat Berlin seine Stadtviertel für die verschiedenen Betriebe. Der Spittelmarkt, sagt man mir, trenne das Quartier der Konfektion von dem der Mäntel. Ich besuche auf der Konfektionsseite eine Hutfabrik, werde zu den Zeichnern geführt, die nach Pariser Modellen aus Pappe Formen schneiden, zu den Mädchen, die diese Formen in Stoff und Leder nachschneiden, in den surrenden Saal der Näherinnen und schließlich in einen Raum, wo Eisenformen elektrisch erhitzt werden. […] Ein ganzes Studium wäre die Basareinteilung von Berlin.«[26] FRANZ HESSEL

Berlin gehörte einmal zu den lebendigsten Zentren der Modeindustrie. Am Hausvogteiplatz und drum herum, in den angrenzenden Straßen der historischen Stadtteile Alt-Cölln, Friedrichswerder und Friedrichstadt, entwickelte sich im 19. Jahrhundert ein Zentrum des Textil- und Pelzhandels und der Konfektionsindustrie. Es begann im Jahr 1837, als die Brüder David, Moritz und Valentin Manheimer ihre eigene Firma für Damenkonfektion gründeten. Die Manheimers zogen bald auch andere Modehersteller an, und um 1860 hatten sich rund um den Hausvogteiplatz bereits zwanzig Konfektionsfirmen angesiedelt, zehn Jahre später hatte sich ihre Zahl schon verdoppelt, und die gute Adresse stand als Absender auf zahlreichen für den Export bestimmten Paketen mit Destination Schweiz, England, Schweden oder Amerika. Um die Jahrhundertwende lebte fast das gesamte Viertel von der Textilbranche. Die Herstellung der Konfektion wurde auf etwa sechshundert selbständige Subunternehmer verteilt, die sogenannten Zwischenmeister, für die in den Mietskasernen des Berliner Nordens und Ostens etwa hunderttausend Frauen unter oft bedrükkenden Bedingungen in Heimarbeit nähten.

Daß die Textilbetriebe vornehmlich in jüdischem Besitz waren, hatte vor allem historische Gründe. Bereits im Jahr 1288 stifteten die Markgrafen Albrecht und Otto V. die Schneidergilde zu Berlin, welche die in der Stadt lebenden Handwerker zur Mitgliedschaft verpflichtete. Ohne Bruderschaft in der Gilde durfte also niemand das Schneidergewerbe ausüben. Diese Zunftordnung schützte eine rückschrittliche Produktionsweise, die die Schneider mit Zähnen und Klauen verteidigten, obwohl sie den steigenden Bedarf an Kleidung nicht mehr decken konnten. Die Juden durften den Gilden nicht angehören, jedoch Handel mit fertigen Kleidern und Tuchen treiben, daraus entwickelte sich die ›Konfektion‹, Kleider von der Stange aus Manufakturbetrieben. Den Schneidern alter Zunft war deren Erfolg ein Dorn im Auge, deshalb waren die Konfektionsbetriebe in jüdischem Besitz bereits vor 1933 Ziel von Diskriminierungen. Manche Details wirken aus heutiger Sicht grotesk und bizarr: 1936 geriet das Wort ›Konfektion‹ auf eine Verbotsliste; für Damenunterwäsche warb die ›Arbeitsgemeinschaft deutsch-arischer Fabrikanten‹ mit dem absurden Hinweis, sie sei ›garantiert arisch‹. Kleiderfabrikanten und Geschäftsinhaber wurden gezwungen, ihre Betriebe weit unter Wert an Angestellte oder Konkurrenten zu verkaufen, Hans Staebe-Seger etwa, der Mode für Gerson entworfen hatte, übernahm 1938 die Firma Loewinberg & Dannenbaum, die in Corves & Seger umbenannt wurde. Mitten auf dem Hausvogteiplatz wurde ein der Bücherverbrennung auf dem nahen Bebelplatz vergleichbares Autodafé veranstaltet, und zwar mit den Konfektionsartikeln, die aus den jüdischen

Die Installation ›Denkzeichen‹ am Hausvogteiplatz erinnert an die untergegangene Konfektions-Kultur des Quartiers

Firmen kamen: Dichtbehängte Kleiderständer wurden wie ein Scheiterhaufen aufgetürmt und angezündet.
Wenn man heute am Hausvogteiplatz aus der U-Bahn steigt und über die Treppe zur Mittelinsel des Platzes nach oben geht, begegnet man Schritt auf Schritt einem Namen und einer Adresse. Inschriften auf der Stirnseite einer jeden Treppenstufe erinnern an jene Kaufleute, die einmal dafür sorgten, daß hier, rund um diesen Platz, im 19. und beginnenden 20. Jahrhundert das Berliner Konfektionsviertel prosperierte. Am Kopf der Treppe stehen drei im Kreis aneinandergelehnte mannshohe Spiegel, in denen man sich betrachten kann wie in einer Umkleidekabine. Eine 1992 gegründete Initiative setzte sich für dieses Denkmal ein, das am Hausvogteiplatz an die Verfolgung jüdischer Mitbürger während der Nazi-Zeit erinnern soll. Den 1995 ausgelobten Wettbewerb gewann der Berliner Rainer Görß.

Am 10. Juli 2000 wurde das ›Denkzeichen Modezentrum Hausvogteiplatz‹ der Öffentlichkeit übergeben.

Der trapezförmige Grundriß des Hausvogteiplatzes erinnert daran, daß sich hier einst die Festungsanlagen des mittelalterlichen Berlins befanden. Friedrich Wilhelm, der Große Kurfürst, ließ Berlin seit 1657, in der Folge des Dreißigjährigen Krieges, zur Festung ausbauen, acht Meter hohe Wälle, ein breiter Wassergraben und dreizehn Bastionen sollten die Stadt schützen. Noch während ihrer Errichtung entstanden außerhalb der Befestigungslinien mehrere Siedlungen, und der Verkehr zwischen diesen Vorstädten und der Residenz nahm so schnell zu, daß die Festungsanlagen bald ein Hindernis darstellten. Schon 1733 ging man also wieder daran, Wälle einzuebnen und den Graben aufzufüllen. Über der ›Bastion III‹ entstand der Hausvogteiplatz, der von etwa 1740 bis 1750 Quarree und von 1750 bis 1789 Jerusalemsplatz hieß. Seinen heutigen Namen verdankt er dem Untersuchungsgefängnis, das 1750 unter Friedrich dem Großen an der Ostseite des Platzes erbaut wurde, der sogenannten Hausvogtei. Hier saßen Personen hinter Gittern, die der Hofgerichtsbarkeit unterstanden, also Bedienstete und Handwerker des Königshofes und die Bewohner des Stadtteils Friedrichswerder, ferner war das Gefängnis für die Berliner Juden zuständig. »Wer die Wahrheit weiß und saget sie frei, der kommt in Berlin in die Hausvogtei«, so hieß es damals. 1891 wurde die alte Hausvogtei abgerissen und das Grundstück zur Erweiterung des benachbarten Bankgebäudes genutzt. Daß der Platz im Volksmund auch ›Schinkenplatz‹ hieß, lud zu Spekulationen ein: wegen der Form seines Grundrisses, weil hier Fleisch verkauft wurde oder weil in der Gegend ›ehrlose‹ Frauen wohnten, die in der derben Umgangssprache als ›Schinken‹ bezeichnet wurden.
Der Brunnen auf dem Hausvogteiplatz geht auf die Mitte

des 19. Jahrhunderts zurück. Im Juni 1857 wurde kein Geringerer als Peter Joseph Lenné, der als Gartenbaumeister etwa dem Potsdamer Ruinenberg, dem Tiergarten, dem Charité-Gelände und bereits mehreren Berliner Stadtplätzen ihr Gesicht verliehen hatte, mit einem Entwurf für gärtnerischen Schmuck beauftragt. Er lehnte zunächst ab, da ihm die Bedingungen, die er vorfand, »für dergl. Pflanzungen nicht geeignet« schienen. Schließlich zeichnete Lenné doch einen Plan, der »den Brunnen als Mittelpunkt nehmend, darauf abzielt, diesem Platz die Zierde anmutigen Grüns zuzuwenden« – dieser Plan wurde allerdings nicht ausgeführt. Neue Diskussionen über die Gestaltung des Platzes begannen erst wieder 1875, als über eine veränderte Straßenführung am Hausvogteiplatz gesprochen wurde und hier jene vierstöckigen, mit üppigem Zierat versehenen Gebäude entstanden, die typisch für die Berliner Architektur des ausgehenden 19. Jahrhunderts sind. Die Geschäftsinhaber sprachen sich zwar gegen eine Bepflanzung des Platzes aus, weil sie befürchteten, die Bäume würden den ungehinderten Blick auf ihre Firmenschilder versperren, doch ihr Protest verhallte. Auf einer dreieckigen Rasenfläche wurden Bäume und Sträucher gepflanzt – die wiederum kaum Zeit zum Wachsen hatten: 1906 wurde für den Neubau der heutigen U-Bahn-Linie 2 der halbe Platz aufgerissen, die Bäume fielen, einzig der Springbrunnen blieb. Franz Hessel faßt den Anblick des neu gestalteten Stadtplatzes so zusammen: »Wir biegen um eine Ecke und sind wieder auf einem dieser merkwürdigen schrägeckigen Plätze, die in alter Zeit Bastionen der Stadtmauer waren. Er heißt Hausvogteiplatz und früher war in der Nähe ein garstiges Haus, das in den vierziger und fünfziger Jahren politische Gefangene vergitterte. Jetzt ist ein fleißiges Geschäftsviertel ringsumher. Altertümlich ist hier nur noch ein Grundriß, hier beginnt die Gegend der verschiedenen

Wallstraßen und das Gelände des alten Friedrichswerders, dieses dritten Berlin neben dem, das jenseits beider Flußarme liegt, und dem näheren Cölln an der Spree.«[27]
Der Hausvogteiplatz war nach dem Zweiten Weltkrieg eine einzige Trümmerwüste. Nur eine Linde überstand den Krieg und die folgenden Winter, in denen die Parkanlagen den Berlinern größtenteils zum Heizen dienten. In den unmittelbaren Nachkriegsjahren diente die Brache als Sammelplatz für Trümmerschutt. Erst in den 1950er Jahren begann man wieder mit der Gestaltung des Platzes, die alte Linde wurde in die neue Bepflanzung integriert, der zerstörte Brunnen aber nicht wiederhergestellt. Erst im Juni 2003 sprudelte er wieder.

Hausvogteiplatz 12, das markante Haus zur Berolina mit der großen Uhr im Mittelgiebel und der modernen, tanzenden Berolina-Skulptur davor eignet sich gut als Orientierungspunkt für die Zuordnung der Häuser und ihre früheren Besitzer. Das aus dem Jahr 1895 stammende Haus zur Berolina (nicht zu verwechseln mit dem Berolinahaus am Alexanderplatz) wurde 2002 aufwendig erneuert. Drei weitere Häuser am Hausvogteiplatz wurden nach dem Krieg aus Ruinen wiederaufgebaut, die 8-9 linker Hand zur Mohrenstraße hin und die 3-4 rechter Hand zur Taubenstraße, in dem reich geschmückten Geschäftshaus ›Zum Bullenwinkel‹ kann man sich ein liebevoll aufgebautes Stadtmodell ansehen und für den Wiederaufbau des Stadtschlosses spenden. Neben dem in den 1890er Jahren gebauten Haus steht das Haus mit der Adresse Hausvogteiplatz 1. Es ist Teil des Medienzentrums, als das der gesamte Block an dieser Seite des Hausvogteiplatzes heute firmiert. Bis 1933 fand man in diesem avantgardistischen Bau mit Travertinfassade das Konfektionshaus Lewin, als das es 1929/30 im Stil der Neuen Sachlichkeit gebaut wurde. Auch die auf Da-

Im Haus zur Berolina am Hausvogteiplatz hat die Redaktion der *Jüdischen Allgemeinen* ihren Sitz

menmäntel spezialisierte Konfektionsfirma der Gebrüder Berglas hatte hier ihren Sitz. Am Hausvogteiplatz 11 (früher 12), rechts neben dem Haus zur Berolina, heute ein Neubau mit einem thailändischen Restaurant im Erdgeschoß, waren gleich mehrere Firmen ansässig: Rosenfeld & Nathan, Gebrüder Lewy, Ludwig Lesser, Larkotzki, Briese & Loepert. Die nach der Wende geborene schöne Idee, den Platz wieder zum Textil- und Modezentrum zu entwickeln, scheiterte an den inzwischen grundlegend veränderten Bedingungen in der Konfektionsbranche. Immerhin konnte man auf dem Hausvogteiplatz an andere jüdische Traditionen anknüpfen: Seit Dezember 2003 befindet sich im Haus zur Berolina die Redaktion der *Jüdischen Allgemeinen*. Sie ist die einzige überregionale jüdische Wochenzeitung Deutschlands und steht in der Tradition der 1837 gegründeten *Allgemeinen Zeitung des Judenthums* aus dem Verlag von Rudolf Mosse.
Gleich um die Ecke, linker Hand des Hauses zur Berolina, mündet die schmale Oberwallstraße auf den Hausvogteiplatz. Während sich an ihrer östlichen Seite auf dem Friedrichswerder die neuen Stadthäuser der Luxusklasse aneinanderreihen, entworfen von verschiedenen namhaften Berliner Architekten und wie eine Bauausstellung präsentiert, stammen die alten Häuser auf der westlichen Seite aus der Gründerzeit. In dem vornehmen Haus mit der Nummer 6 befindet sich heute das Hauptstadtstudio von Sat 1. Doch die Büros der Chefetage verraten noch immer etwas von einer anderen, ihrer ursprünglichen Nutzung: Sie liegen in den ehemaligen Präsentationsräumen für Mäntel der Firma Manheimer; die alten Holzvertäfelungen in diesen Räumen sind noch vorhanden.

Die Brüder Manheimer, Moritz, David und Valentin, Söhne eines Kantors, stammten aus Gommern in der Nähe von

Magdeburg, von wo aus die ganze Familie nach Berlin ging. Der erste Laden der 1837 gegründeten Textilfirma Manheimer befand sich in der Jerusalemer Straße 17, Moritz (1826-1916) war zuständig für alles Kaufmännische. Schon 1840 verließ Valentin Manheimer (1815-1889) seine Brüder und gründete in der Oberwallstraße 6-7 sein eigenes Geschäft (der Gebäudeteil mit der Nummer 7 existiert nicht mehr), Gerüchte machten die Runde, daß erst ein Lotteriegewinn Valentin Manheimer die Selbständigkeit erlaubte. Das Konfektionshaus Manheimer, welches auch als erste Fabrik für Damenmäntel in Berlin firmierte, war bald ebenso renommiert wie das Stammhaus, das sich weiterhin in Händen Moritz Manheimers befand und einträgliche Gewinne mit der Ausstattung der preußischen Armee mit Uniformen und Mänteln verzeichnen konnte.

Beeindruckendes Zeugnis von Valentin Manheimers Zugehörigkeit zur Berliner Gesellschaft ist zweifellos ein Gemälde des beliebten Gesellschaftsmalers Anton von Werner. Es zeigt Manheimer im Kreise seiner Familie, die ihm im Brunnenhaus des Gartens seiner Berliner Villa in der Bellevuestraße 8 – jener Gegend im Berliner Westen, wo sich im ausgehenden 19. Jahrhundert wohlhabende Bürger ansiedelten – ihre Glückwünsche entgegenbringt. Valentins Frau Philippine, im Bild als dritte von links im schwarzen Kleid zu sehen, hatte das Kunstwerk selbst bei Anton von Werner in Auftrag gegeben. Das Bild, das der Kaufmann und seit 1884 Geheime Kommerzienrat zu seinem siebzigsten Geburtstag im Jahre 1885 bekam, befindet sich heute im Deutschen Historischen Museum, im Zeughaus Unter den Linden. Die Firma von Valentin Manheimer ging auf seine Söhne über; erst die Inflation von 1923 und die aufkommende Weltwirtschaftskrise in den zwanziger Jahren besiegelten das Schicksal des Unternehmens. Es wurde infolge von Zahlungsunfähigkeit liquidiert. Gabriele Tergit verewigte die Firma von Valentin Manheimer in ihrem gesellschaftskritischen Roman *Käsebier erobert den Kurfürstendamm*: »Ein zu merkwürdiger Laden da drüben, dachte er, Jahrzehnte ein Konfektionsgeschäft, aber es ist eingegangen wie alle Konfektionsgeschäfte. Neulich hat eine alte Dame am Hausvogteiplatz zu mir gesagt: ›Nein, wie schrecklich, jetzt ist D. Lewin auch nicht mehr. Seit 40 Jahren habe ich bei Manheimer meine Mäntel gekauft. Jetzt komme ich von Karlshorst rein, will mir einen Mantel kaufen. Ist V. Manheimer nicht mehr da. Denke ich, gehste zu D. Lewin. Ist Lewin auch nicht mehr da.‹ [...] Später ist der Laden da drüben eine Weinhandlung geworden. Deutsche, trinkt deutschen Wein [...].«[28]

Nur ein einziges Unternehmen in der Textilbranche war noch größer als das der Manheimers, das von Herman Gerson, der 1836 mit einem überschaubaren Stoffhandel angefangen hatte. 1841 begann auch er mit der eigenen Herstellung und dem Verkauf von Konfektionskleidung. Mit seinem ersten kleinen Textilladen in Berlin war er im Gebäude der Schinkelschen Bauakademie untergebracht, wo es damals eine Art Ladenpassage gab. Die Bauakademie am Werderschen Markt, zu der man gelangt, wenn man die Oberwallstraße weitergeht und dann rechts in die Straße Werderscher Markt einbiegt, harrt ihres Wiederaufbaus; sie wurde, obwohl sie den Zweiten Weltkrieg weitgehend unbeschadet überstanden hatte und zu Teilen sogar neu instand gesetzt war, 1962 abgerissen. Ein Förderverein unterstützt den kompletten Wiederaufbau des Gebäudes und sorgte für die denkmalgerechte Wiederherstellung seiner nordöstlichen Ecke 2001/2002. Der Rest des Gebäudes wird als sogenannte Schaufassade vorerst noch durch eine bedruckte Kunststoffolie simuliert. Ein intakter Schinkel-Bau befindet sich indes gleich neben dem Fragment der Bauaka-

In der Oberwallstraße 6 florierte zwischen 1840 und 1923 das Konfektions-Kaufhaus von Valentin Manheimer

demie, die Friedrichswerdersche Kirche mit einer Skulpturensammlung im Innern. 1848 zog Gersons Geschäft in ein neues Haus, ebenfalls in unmittelbarer Nähe des Hausvogteiplatzes um, zum Werderschen Markt 5. ›Hermann Gerson – vornehme Maßschneiderei‹, stand auf dem Ladenschild an dem einmal sehenswerten und heute verschwundenen Haus. Bald besaß er mit rund zweihundertfünfzig fest angestellten Mitarbeitern das größte Unternehmen seiner Art in Berlin. Allein hundertfünfzig Schneider arbeiteten für Gerson. Da er sich auch auf Luxusgarderobe spezialisiert hatte, avancierte er in kurzer Zeit zum Hoflieferanten. Im Jahre 1861 lieferte das Haus Gerson den Entwurf für den Krönungsmantel, in dem Wilhelm I. zum König von Preußen ernannt wurde. Der Name Gerson wurde damit quasi über Nacht zu einem Synonym für Luxus und hochelegante Kleidung aus Berlin. »In Fachkreisen wird noch heute gelegentlich von einer Bluse gesprochen, die Hermann Gerson einst für die Gewebeausstellung (1896) anfertigte. Es war eine weiße, plissierte Crêpepiquetbluse mit schwarzen Spitzenapplikationen. Sie kostete den stolzen Preis von 400 Goldmark und soll diverse Male verkauft worden sein.«[29]

Für Walter Benjamin, der seine *Berliner Kindheit um 1900* beschreibt, war der Hausvogteiplatz und die umliegende Einkaufsgegend Inbegriff für den Einkaufsbummel: »In jenen frühen Jahren lernte ich ›die Stadt‹ nur als den Schauplatz der ›Besorgungen‹ kennen, bei denen zum ersten Mal sich erwies, wie uns das väterliche Geld eine Gasse zwischen den Ladentischen und den Verkäufern und den Spiegeln und den Blicken der Mutter bahnte, deren Muff auf dem Tisch lag. In der Schmach eines ›neuen Anzugs‹ standen wir da, aus den Ärmeln sahen die Hände heraus wie schmutzige Preistafeln und in der Konditorei erst wurde uns besser und wir fühlten dem Götzendienst uns entronnen, der unsere Mutter vor den Idolen erniedrigte, deren Namen Manheimer waren, Herzog und Israel, Gerson, Adam, Esders und Mädler, Emma Bette, Bud und Lachmann. Eine Reihe unerforschlicher Massive, nein Höhlen von Waren – das war ›die Stadt.‹«[30]
Die wirtschaftliche Blüte des Konfektionsviertels nahm mit dem Ersten Weltkrieg vorerst ein abruptes Ende. Der Stoff, der jetzt en vogue war, war von der Farbe feldgrau. Und nach dem Ende des verlorenen Krieges waren auch die Absatzmärkte außerhalb Deutschlands verloren. Die Umsätze gingen zwar noch einmal deutlich zurück, aber in den ›Goldenen Zwanzigern‹ beeinflußten die Entwürfe der Berliner Damenkonfektion die internationale Modeszene wieder maßgeblich. Die Fachzeitschrift *Der Konfektionär* führte 1927 mehr als 800 Betriebe der Damenoberbekleidung

in der Hauptstadt auf, und trotz mancher Gewinneinbrüche galt der Hausvogteiplatz nach wie vor als das Zentrum der Branche. »Die Geschichte der Berliner Konfektion«, so das Blatt, »ist zugleich die Geschichte derjenigen deutschen Industrie, die sich als erste den Weltmarkt eroberte und den Ruf von deutscher Arbeit und deutschen Gewerbefleißes in die fernsten Länder trug.« Wechselnde Moden bescherten ihr einen immer neuen Absatz – schließlich gab es die revolutionären Kollektionen für die ›neue Frau‹ der zwanziger Jahre. Flapper, Garçonne und Bubikopf trugen mit Vorliebe Etuikleider, Hosenanzüge oder Hemdblusen. Die Alltagsbedingungen in einer schnellebigen modernen Metropole verlangten, so sah es Vicki Baum, nach praktischer Kleidung: »Man rennt Autobussen nach, fährt Untergrundbahn, trifft sich für eine halbe Stunde im Kaffeehaus, wenn es hochkommt, man jagt vom Büro in Vorträge, mal auch ins Theater – wie soll man das machen mit einem langen Schurz untenrum, den die Mode für den Abend diktiert? Kinder, glaubt mir doch – das paßt ja nicht zu uns!«[31]
Viele Chansons aus jenen Jahren enthielten Strophen über die neue Mode und die zeitgenössische Modebesessenheit. Margo Lion sang über ›Die Linie der Mode‹, Claire Waldoff besang die modebewußte, androgyn gekleidete ›Hannelore‹, die »trägt ein Smokingkleid und einen Bindeschlips, trägt ein Monokel jederzeit am Band von Seidenrips«. Die enge Verbindung zwischen Textilbranche und Bühne zeigte sich nicht zuletzt darin, daß Jacob Tuteur und Willi Kersten, Inhaber des Modehauses Kersten & Tuteur mit Sitz in der Werderstraße 6 zwischen Oberwallstraße und Museumsinsel, ihre Modenschauen mit den avanciertesten Kollektionen der kommenden Saison im neuen Theater am Nollendorfplatz in Schöneberg stattfinden ließen, das für seine progressiven Inszenierungen und als die Bühne Erwin Piscators bekannt war. Damit gelang es ihnen, den avantgar-

distischen Touch ihrer Kreationen noch stärker zu unterstreichen. Man stellte sie ›auf den Brettern, die die Welt bedeuten‹ im geeigneten Rahmen zur Schau. Schauspielerinnen spielten auch gern Mannequin, wenn es darum ging, die neue Mode vorzuführen: Auf den Seiten von Modejournalen, etwa im Ullstein-Magazin *Die Dame*, posierten Pola Negri, Fritzi Massary oder Asta Nielsen. In den Zeitungsbeständen der Berliner Kostümbibliothek am Kulturforum kann man all das eingehend studieren.

Auch die Allianz von Mode und Film liegt da auf der Hand. Die aufstrebende Filmbranche lebte nicht zuletzt von attraktiven Kostümen und vielfältiger Ausstattung. Mit der Biographie des Regisseurs Ernst Lubitsch, geboren 1892 in Berlin, bekommt diese Allianz exemplarisch ein reales Gesicht. Lubitschs Vater Simon, ein polnischer Jude, war Schneidermeister und Lieferant für Damenkonfektion in der Schönhauser Allee. Seine aus Wriezen bei Berlin stammende Frau Anna Lindenstädt entwarf für das Modehaus, das sie zusammen betrieben, die Kollektionen. Da bot es sich an, daß auch der Sohn in der Branche arbeitete, und er absolvierte eine Lehre als Stoffhändler bei der Firma Hoffmann & Co. in der Königstraße nahe dem Hausvogteiplatz. Nebenbei trat er als Laiendarsteller auf, nahm schließlich Schauspielunterricht und trat seit 1911 am von Max Reinhardt geleiteten Deutschen Theater auf. Drei Jahre später kam der Film *Die Firma heiratet* in die Kinos, die Geschichte führt geradewegs in die Welt der Berliner Damenkonfektion. Ernst Lubitsch spielt darin den jüdischen Konfektionslehrling Moritz Abramowsky. Der Erfolg war so durchschlagend, daß noch im gleichen Jahr, 1914, eine Fortsetzung folgte, *Der Stolz der Firma*. Diesmal spielte Lubitsch sogar die Hauptrolle, ein gefeuerter Lehrling aus dem Umkreis von Posen geht nach Berlin, steigt dort in der neuen Firma bis zum Prokuristen auf und heiratet die

Tochter des Chefs. Beide Filme gelten heute als Klassiker des Stummfilms. Lubitsch ging schon 1923 nach Amerika, wechselte innerhalb des Filmgeschäfts das Fach und hinterließ der Welt als Regisseur mehr als fünfundsiebzig Filme. Dekor und Kostüme seiner Akteure waren ihm dabei immer ein besonderes Augenmerk wert.

Zurück zum Hausvogteiplatz: Verläßt man ihn in südlicher Richtung durch die Jerusalemer Straße, trifft man auf die Leipziger Straße. Die Einkaufsmeile der zwanziger Jahre, die Mitte mit den neuen Wohnvierteln im Westen verband, ist heute eine für Fußgänger wenig einladende, laute und zugige Verkehrsschneise und hier, an ihrem östlichen Ende, hundert Meter breit. Nur drei alte Geschäftsgebäude, alle errichtet in den ersten Jahren des 20. Jahrhunderts, haben den Zweiten Weltkrieg und den Abrißwahn in der Nachkriegszeit überdauert, sie lassen das einstige Gepränge einer glitzernden Einkaufsstraße mit Geschäften dicht an dicht noch schwach erahnen. Dem Konfektionsviertel am nächsten gelegen ist das ehemalige Modehaus von Kersten & Tuteur (Nummer 36). Etwas verloren im Schatten der Wohnhochhäuser am verschwundenen Dönhoffplatz und noch ohne neue Nachbarn steht das 1913 errichtete Gebäude auf der südöstlichen Ecke zur Charlottenstraße. Lange eine Ruine, deren Art-déco-Fassadenschmuck stark verwittert und nur noch zu erahnen war, sorgten die engagierten Nachkommen dafür, daß das Tuteur-Haus 2004 äußerlich nach den Originalplänen von Hermann Muthesius wiederhergestellt wurde. Die Architekten Patzschke & Partner haben unter anderem auch das Hotel Adlon Unter den Linden restauriert – beide Häuser haben das gleiche grün patinierte Kupferdach. Beim Weitergehen durch die Leipziger Straße entdeckt man an der südöstlichen Ecke zur Friedrichstraße (Nummer 29) das ebenfalls restaurierte Mädler-Haus, ehemaliger Berliner Firmensitz des Lederwarenherstellers und zu DDR-Zeiten die Adresse eines stadtbekannten chinesischen Restaurants, sowie noch eine Querstraße weiter, an der nordöstlichen Ecke zur Mauerstraße, das WMF-Haus (Nummer 112) mit dem restaurierten alten Firmenlogo aus grünen und goldenen Mosaiksteinen. Gerade der Kontrast dieser alten Geschäftshäuser mit den Plattenbauten aus DDR-Zeiten und den seit der Wende neu entstandenen Häusern, die die lange Leipziger Straße säumen, macht vielleicht ihren heutigen spröden Reiz aus, dem man sich trotz Verkehrslärm und Geduldsproben der Überquerung der stark befahrenen Straße nicht entziehen sollte.

Biegt man nördlich der Leipziger Straße in die Mauerstraße ein und kehrt rechts durch die parallel zur Leipziger verlaufende Kronenstraße zurück in Richtung Hausvogteiplatz, kommt man vorbei am Kronenpalais (Nummer 8-10), einem 1902 als Möbelhaus errichteten Neobarockbau. Das Haus markiert als eines der wenigen hier erhaltenen Gebäude aus dieser Zeit, daß auch die Kronenstraße einmal eine lebendige Geschäftsstraße gewesen ist. Hier ließen sich die Namen der Konfektionshäuser früher aufreihen wie an einer Perlenschnur: Auerbach & Steinitz, Baum & Lewinsky, Behrend & Bernstein, Berliner & Jubelski, Bibo & Jackier, Brick & Balsam, Bleichröder, Reich & Behr, Meyerhof & Kaufmann, Ephraimson & Neumann, Julius Block & Simon, Cohn & Walder, Rubinstein, Cohnreich & Blumenthal, Feldheim & Goldstein, Fischbein & Mendel, Fisher & Unger, Gruenthal & Wolff, Isenburg & Lewin, Jacobowski & Cohen, Reich & Bähr, Goldenbaum & Lichtenstein, und das sind noch längst nicht alle.

Am östlichen Ende der Kronenstraße trifft man auf die Niederwallstraße. Geht man die nach rechts, trifft man wiederum auf den Spittelmarkt, nach links geht es dort zur Gertraudenbrücke mit der Statue der heiligen Gertrud und zur

Gertraudenstraße. Schon von weitem ist das markante Eckhaus mit der Nummer 10-12 zu erkennen, an der östlichen Ecke zur Friedrichsgracht, hier hatte David Leib Levin sein Geschäft, seit 1840 gehörte ihm eine Manufaktur für Damenmäntel. David Leib Levin erhielt am 1. Juni 1840 seinen Judenbürgerbrief und gründete noch im gleichen Jahr in der Gertraudenstraße 11 eine Damenmäntelfabrik. Er führte »Taffet-Mantillen zwischen 3 ½ bis 14 Thalern, Atlas-Mantillen zwischen 4 ½ bis 15 Thalern sowie Frühjahrs-Mantelots in schwarz, braun und Mode aus Zephyr-Wolle zu 3 ½ bis 14 Thalern«. Die Preisliste ist deshalb von Interesse, weil Fixpreise damals allgemein unüblich waren, sondern um die Ware gefeilscht wurde. David Levin zählt zu den prominenten Mitbegründern der Berliner Konfektion, und als er später das Geschäft zum Hausvogteiplatz verlegte, entwickelte sich sein Unternehmen schnell zu einem der bedeutendsten der Berliner Konfektionäre. Das reich verzierte Gebäude ragte hier nach 1945 als einziges der prächtigen Konfektionshäuser der Gegend aus den Trümmern heraus: Heute befindet sich darin die Rotisserie Weingrün, wo vor allem Gegrilltes auf der Speisekarte steht. Auch Kleider kann man hier wieder kaufen – 2009 eröffnete ein Geschäft für Brautmoden und das ganze Drumherum für eine Hochzeitsfeier, das Gebäude firmiert nun gar als ›Hochzeitshaus‹.

Geht man bei Weingrün die Gertraudenstraße weiter nach Osten, kommt man zur Brüderstraße. An ihrer südöstlichen Ecke erstreckt sich ein wegen der unmittelbaren Nachbarschaft zum Bundesnachrichtendienst immer noch leerstehender Gebäudekomplex, der schon bessere Zeiten gesehen hat: Das stattliche Haus mit den ausgreifenden Kapitellen und den hohen Räumen gehörte bis ins Jahr 1933 dem Textilkaufmann Rudolph Hertzog. In der DDR beherbergte es diverse Ausstatter von Hochzeitsmoden sowie

Das ›Haus der Moden‹ von Kersten und Tuteur an der Kreuzung Leipziger und Charlottenstraße ist seit 2004 restauriert

einen Fachhandel für Kinder- und Jugendmode, man erkennt sogar noch die alten Schilder aus DDR-Zeiten.

Ein ganzes Stück abseits vom Hausvogteiplatz, in der Rosenthaler Vorstadt von Mitte, am durch die Niederlegung der Akzisemauer seit 1867 nicht mehr vorhandenen Rosenthaler Tor, gab es ein Bekleidungshaus, das in Döblins *Berlin Alexanderplatz* eine Rolle spielt: Fabisch. Am Rosenthaler Tor befand sich noch im 18. Jahrhundert die sogenannte Judenherberge. Hier hielten sich die Juden auf, bevor sie in die Stadt einzogen und dort im besten Falle Fuß fassen konnten. Und gleich hier gründete der aus dem polnischen Wrzesnia eingewanderte Kaufmann Philipp Fabisch 1879 an der nach Westen gelegenen Ecke der leicht ansteigenden Rosenthaler Straße, wo sie auf den Rosenthaler Platz zuläuft, sein erstes Herrenbekleidungsgeschäft. »Nach zwei Tagen ist es wärmer, Franz hat seinen Mantel verkauft, trägt dicke Unterwäsche, die Lina noch von irgendwoher hat, steht am Rosenthaler Platz vor Fabischs Konfektion, Fabisch und Co., feine Herrenschneiderei nach Maß, gediegene Verarbeitung und niedrige Preise sind die Merkmale unserer Erzeugnisse.«[32] Hier am Platz steht Franz Biberkopf auch als fliegender Händler und ruft Schlipse aus, und er fragt sich: »Warum trägt der Prolet keine Schleifen? Weil er sie nicht binden kann.« Und dann klingt da auch der aufkommende Ungeist der Zeit an, aus dem Munde des Propagandisten Biberkopf: »Kaufen Sie sich solchen Schlips bei Tietz oder Wertheim oder, wenn Sie bei Juden nicht kaufen wollen, woanders. Ich bin ein arischer Mann. [...] Die großen Warenhäuser haben keinen Grund, sich von mir Reklame machen zu lassen, die können auch ohne mir bestehen. Kaufen Sie sich solchen Schlips, wie ich hier habe, und dann denken Sie daran, wie Sie ihn morgens binden sollen.«[33] Anbei: Der Vater des aus einer bürgerlichen jüdischen Familie aus Stettin stammenden Alfred Döblin war selber Schneidermeister und Konfektionsfabrikant.

Der Rosenthaler Platz ist heute wieder ein belebtes Pflaster, so wie einst von Alfred Döblin geschildert. Straßenbahnen queren ihn, Leute strömen aus dem U-Bahnhof, viel junges Volk ist hier unterwegs, morgens in die Sprachenschulen, abends in die Kneipen, die sich hier angesiedelt haben. Und rund um den Rosenthaler Platz lebt auch die Textil-Tradition wieder in Gestalt von Schneiderateliers und szenigen Modeläden. In dem zwar vollkommen abgestuckten, aber erhalten gebliebenen, nun schneeweiß gestrichenen Haus des Textilhändlers Philipp Fabisch, in dem zu DDR Zeiten ein – als volkseigener Betrieb bezeichneter –

Modeladen untergebracht war, befindet sich heute ein Hotel. Im Erdgeschoß will ein neues schickes Restaurant an den einstigen Erbauer und Besitzer sowie an seine Nachkommen erinnern: Es informiert auf einer Tafel neben dem Eingang ausführlich über die Geschichte des Unternehmens und schmückt sich mit dem Namen ›Fabisch‹.

Ein anderer Abstecher, mit dem man sich auf den Spuren jüdischer Konfektionäre vom Hausvogteiplatz entfernt, führt zur Schönhauser Allee, wo man noch einmal Moritz Manheimer begegnet, der das Stammhaus in der Jerusalemer Straße führte. Er war bald so vermögend, daß er sich auch als Bankier betätigte und nach 1872 aus der Firma austrat. Sein Vermögen setzte er ganz im Sinne des Philanthropen Moses Mendelssohn fortan für wohltätige Zwekke ein. Dabei machte der Reformjude Manheimer kaum einen Unterschied, ob die Begünstigten jüdisch oder christlich waren. Ganz im Gegenteil: Kam ein armer Jude in sein Büro und wies ihn forsch darauf hin, daß er nach dem jüdischen Gesetz als reicher Mann sogar dazu verpflichtet sei, ihm zu helfen, konnte er sehr frostig werden. Manheimer rief mehr als vierzig verschiedene Projekte ins Leben, wobei er nicht nur als anonymer Spender im Hintergrund agierte, sondern höchstpersönlich in Erscheinung trat – etwa im von ihm mitgegründeten Jüdischen Altersheim in der Großen Hamburger Straße 26. Jedem einzelnen Bewohner stellte er sich dort vor, hatte ein offenes Ohr für deren Nöte und Geschichten. Manheimer stiftete auch das Lehrlingsheim in Pankow sowie das erste jüdische Hospital in der Oranienburger Straße. Die Manheimer-Stiftung kümmerte sich auch um die Förderung junger Talente und lobte Preise aus für wissenschaftliche Essays zu Themen wie: ›Sind Menschenliebe, Gerechtigkeit und Duldsamkeit an eine bestimmte Staatsform geknüpft, und welche Staatsform gibt die beste Gewähr für ihre Durchführung?‹. Diese Fragestellung inspirierte den jungen Siegfried Kracauer zu seiner ersten größeren Arbeit. 1882 kaufte Manheimer ein großes Grundstück in der Schönhauser Allee 22, um darauf die Zweite Jüdische Versorgungsanstalt errichten zu lassen, ein Altersheim für mittellose Juden, die dort ihren Lebensabend verbringen konnten, vorausgesetzt, daß sie das sechzigste Lebensjahr erreicht und mindestens fünfzehn Jahre in Berlin gelebt hatten. Den Tag ihrer Silberhochzeit, den 2. Dezember 1880, legten Moritz und Bertha Manheimer als Stiftungsdatum fest, und als das neue Altersheim 1883 eröffnet wurde, wohnte Kaiserin Augusta diesem Ereignis bei. Das Haus grenzt an den benachbarten jüdischen Friedhof. Das Gemäuer besteht aus gelbbraunen Ziegeln, dasselbe Baumaterial, aus dem Manheimer seine Grabstätte mauern ließ, so daß sich eine optische Verbindung zwischen dem Grab des Stifters und seinem Haus für die Senioren ergab. Moritz Manheimer, bis zum Schluß ein engagierter Wohltäter, starb am 27. März 1916 kurz vor Vollendung seines neunzigsten Lebensjahres, als er gerade dabei war, die Pläne für ein Säuglingsheim umzusetzen.

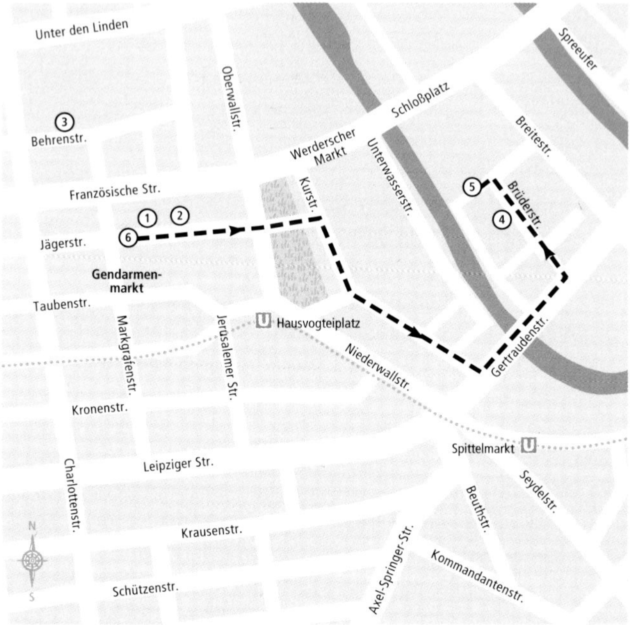

1 Botschaft Belgiens – 2 Bankhaus Mendelssohn – 3 Behrenstraße 62-63 Bankhaus Gerson von Bleichröder – 4 Nicolaihaus – 5 Sperlingsgasse – 6 Jägerstraße 54, Restaurant VAU, ehemaliger Salon von Rahel Varnhagen

3 Das Bankenviertel

Die Mendelssohns in der Jägerstraße

»Wie ich jetzt nach all den Schönheiten, die ich in Italien und der Schweiz genossen habe, nach allem Herrlichen, das ich gesehn und erlebt, wieder nach Deutschland kam, [...] da merkte ich, daß ich ein Deutscher sei und in Deutschland wohnen wolle, so lange ich es könne.«[34]

Felix Mendelssohn Bartholdy

Die Familie Mendelssohn ist unter Musikfreunden ebenso bekannt wie in Kreisen der Hochfinanz, denn Musiknoten ebenso wie Banknoten verhalfen ihr zu Ruhm. Die Verwandtschaft ist weit verzweigt, ebenso zahlreich sind die Adressen der Familie in der Berliner Stadtlandschaft, die meisten Schauplätze sind indessen verschwunden. Wenn es einen Ort in Mitte gibt, der mit dem Namen Mendelssohn engstens verbunden ist, so die Jägerstraße im einstigen Bankenviertel. Sie wurde um 1709 nach dem an ihrem östlichen Ende gelegenen kurfürstlichen Jägerhof benannt, der heutigen Oberwallstraße mit dem mächtigen ›Haupttelegraphenamt‹ von 1887 als Eckpunkt nach Süden. Die Jägerstraße zog vor allem im 19. Jahrhundert gutbürgerliche Bewohner und Geschäftsleute an und wurde nicht umsonst unlängst als ›Geschichtsmeile Jägerstraße‹ ausgewiesen – vor der 52-53, der Botschaft Belgiens mit den markanten orangefarbenen Säulen, findet man eine Informationstafel; weitere Gedenktafeln erinnern auch an berühmte Bewohner der Straße, so erfährt man, daß Sören Kierkegaard, in den Jahren 1841 und 1842 im Haus Nummer 57 unterkam, um Friedrich Schellings Vorlesungen an der Universität zu hören, Hegels Nachfolger auf dem Lehrstuhl für Philosophie. Und in der Jägerstraße erwarben die aufstrebenden Bankiers, die Brüder Joseph (1770-1848) und Abraham (1776-1835) Mendelssohn, vier große Liegenschaften, die sich über die Hausnummern 49 bis 53 erstreckten. Doch der Reihe nach: 1815, nach dem Ende der Freiheitskriege – mit Österreich und Rußland als Verbündeten hatte Preußen Napoleons Truppen besiegt –, nahm das Bankhaus zunächst in der Jägerstraße 51 seinen Sitz; Joseph verstand sich als Modernisierer und ließ die spätbarocke Fassade des Gebäudes nach klassizistischem Muster umgestalten, so wie man sie heute noch sehen kann. Endlich hatten die Bankiers eine eigene Repräsentanz. Gegründet hatte Joseph Mendelssohn die Bank, die rasch zur größten Privatbank Berlins expandierte, bereits zwanzig Jahre zuvor, 1795, mit Sitz in der Spandauer Straße und nur zwei Angestellten. Seit 1799 betrieb er das Geschäft zusammen mit Moses Friedländer unter der Bezeichnung Mendelssohn & Friedländer in der Burgstraße 25 – hier befindet sich heute der Sitz des Bundesverbandes deutscher Banken, an dessen Sitz eine Gedenktafel angebracht ist, auf der man noch mehr über die Geschichte des Grundstücks nachlesen kann. 1804 nahm Joseph seinen jüngeren Bruder Abraham ins Geschäft auf, und der Firmenname lautete fortan J. & A. Mendelssohn, man führte die Geschäfte in einem Büro im barocken Ephraimpalais am Mühlendamm. Das Haus aus dem Jahre 1752 wurde von einem sogenannten Münzjuden Friedrichs II., Veitel Ephraim, errichtet, 1935 wegen der Verbreiterung der Mühlendammbrücke rücksichtslos abgetragen und 1987 um ein paar Meter versetzt wieder aufgebaut. Heute birgt es ein Museum mit wechselnden Ausstellungen zur Berliner Kunst- und Kulturgeschichte sowie die Graphische Sammlung des Stadtmuseums.

In der Jägerstraße waren die Brüder Mendelssohn gemäß

dem Motto ›Konkurrenz belebt das Geschäft‹ in bester Gesellschaft: Hier hatten sich bereits die Geldinstitute der Preußischen Seehandlung und der Königlichen Hauptbank angesiedelt, so daß sich die Straße nachgerade zur Hauptschlagader eines reinen Bankenviertels entwickelte und immer mehr Geschäftsleute aus dem Kreditgewerbe anzog. In der nahen Behrenstraße 62-63 hatte die Privatbank Gerson von Bleichröders ihren Sitz, der auch Bismarcks Berater und Hofbankier von Wilhelm II. war, und auch die Hamburger Warburg-Bank bezog hier Quartier. Eine Gedenktafel am Haus Jägerstraße 69 erinnert an das 1942 zerstörte Bankhaus von Adolf Jarislowsky.

Noch zu Zeiten von Friedrich I. besaß die Jägerstraße ländlichen Charme, der damals Friedrichstädtischer Markt genannte Gendarmenmarkt am westlichen Ende war ein unbefestigter Marktplatz mit zwei kleinen Kirchen. Bis in die 1880er Jahre hinein wurde hier alles angepriesen, was ein Wochenmarkt so zu bieten hat. »Den Gendarmenmarkt habe ich jahrelang in seiner Glorie alle Mittwoch und Sonnabend zu sehen und zu riechen die Gelegenheit gehabt«, schreibt Sebastian Hensel (1830-1898), der Sohn von Fanny und Enkel von Abraham und Lea Mendelssohn, in seiner Familienchronik. »Da standen in langer Reihe in der Mohrenstraßenfront die Fischbottiche, grün, schleimig und moosbewachsen und darin, meist tot, mit den Bäuchen nach oben schwimmend, im Sommer in lauwarmem, altem, stinkendem Wasser, im Winter im Eis, die spärlichen Fische [...] Wenn es fror, konnte man diese Seite gar nicht passieren, wegen des Glatteises. An der Markgrafenstraße hatten Schlächter ihre Stände, Schmeißfliegen summten um die ekelhaften Tierkadaver, das Blut rieselte auf den Pflastersteinen [...] Am schrecklichsten aber war der Gang über den Platz von der Jäger- zur Französischen Straße, wo die Käsehändler standen. Um eins wurden dann alle die Rumpelkasten

Der Kopf am Eingang der Jägerstraße 51 weist in die Mendelssohn-Remise im einstigen Bankhaus Mendelssohn

von Buden abgebrochen, die Fischtonnen über das Pflaster ausgegossen, die unverkauften, halb verdorbenen Waren wanderten in die Grünkramkeller [...] das Chaos von alten Kohlblättern, Käsepapieren, Heringsschwänzen und Zwiebelschalen wurde stundenlang zusammengefegt. Nur der abscheuliche Gestank war nicht zu vertilgen.«[35]

So das Panorama der Jägerstraße zu jener Zeit, als die Mendelssohns ab den 1850er Jahren zu Hofbankiers des russischen Zarenhauses aufstiegen; bis zum Ausbruch des Ersten Weltkrieges beherrschten sie den mitteleuropäischen Finanzmarkt für russische Staatsanleihen. Dank vieler guter Geschäfte konnte 1872 auf dem Nebengrundstück Nummer 52 ein Wohn- und Geschäftshaus entstehen, erbaut nach Plänen des Architekten Martin Gropius, einem Großonkel des Architekten und Bauhaus-Direktors Walter Gropius. Die Jägerstraße 53 geriet zu einem ein wenig protzigen Repräsentationsbau, ein dreigeschossiges Palais im Renaissance-Stil. 1892 erfolgte auf dem Grundstück 49-50 der Bau eines Bankgebäudes im neoklassizistischen Stil. »Im Vestibül werden polierter Marmor und Granit verarbeitet, die Kassenhalle wird mit Mahagoni-Paneel ausgestattet, die Büros im ersten Stock werden mit Eiche und Mahagoni getäfelt.«[36] Nach dem Ersten Weltkrieg wiederum wurden über die Mendelssohn-Bank die Reparationszahlungen an Frankreich abgewickelt, so daß sich die Niederlage des Kaiserreichs am Ende als recht einträgliches Geschäft für die Bank entpuppt haben dürfte. Während der Weltwirtschaftskrise in den zwanziger Jahren meldete das staatliche Leihhaus, ebenfalls in der Jägerstraße, Rekorde; das Bankhaus Mendelssohn indessen überstand die Krisenzeit gut.

Bis zum Abbruch der Geschäfte im Jahr 1939 und zur erzwungenen Liquidation behielt das Bankhaus Mendelssohn in der Jägerstraße seinen Sitz. Die letzten Familienchefs von Mendelssohn & Comp. waren Franz von Mendelssohn, Präsident des Deutschen Industrie- und Handelstages und international anerkannter Wirtschaftsführer der Weimarer Republik, und dessen Cousin Paul von Mendelssohn-Bartholdy. Beide starben 1935. Unter den Nationalsozialisten wurde das Unternehmen samt Mitarbeitern und ohne eine Gegenleistung an die Deutsche Bank übergeben. Nach der deutschen Teilung, als die Jägerstraße Otto-Nuschke-Straße hieß (nach dem CDU-Vorsitzenden in der sowjetischen Besatzungszone), befand sich hier die Deutsche Außenhandelsbank der DDR. Heute beherbergt es die Oppenheim-Bank und die irische Botschaft. Das Gebäude schräg gegenüber des Bankhauses erinnert an die unmittelbare Nähe von Zeitungs- und Konfektionsviertel: Das schmucke Geschäftshaus mit den bis zum Boden reichenden Fenstern

verrät seine einstige Bestimmung als Warenhaus; hier befand sich das Wäschehaus Gebr. Mosse, das Unternehmen von Salomon Mosse, dem Bruder des Verlegers Rudolf Mosse.
Anläßlich ihres 200. Gründungstages im Jahre 1995 wurde am Stammhaus der Mendelssohn-Bank Jägerstraße 51 eine Gedenktafel enthüllt. Der Entwurf der Berliner Bildhauerin Annelies Rudolph zeigt neben einer Schrift zur Historie des Bankhauses das Emblem der Mendelssohns: einen Kranich mit einem Stein in der Kralle und darunter der Leitsatz ›Ich wach‹. In der 1890 als Kassenhalle der Bank errichteten Remise lädt ein Geschichtsforum den Interessierten ein. In einer Dauerausstellung ›Die Mendelssohns in der Jägerstraße‹ wird die Geschichte der berühmten Familie anhand von Dingen und Dokumenten sowie verschiedenen Veranstaltungen nachvollziehbar.

Die beiden erfolgreichen Brüder Joseph und Abraham Mendelssohn waren Söhne des berühmten Moses Mendelssohn (1729-1786), dem Vordenker der jüdischen Emanzipation und einem Mann der Aufklärung. Er war 1743, also als erst Vierzehnjähriger, aus Dessau nach Berlin gekommen. »Indes zum Glück schreckten die fast unüberwindlichen Schwierigkeiten, die auf dem Wege zu den Wissenschaften lagen, die drohenden Jahre des Mangels, der Gedanke, in eine wildfremde feindliche Umgebung gestoßen zu werden, den Knaben nicht ab, und mit 14 Jahren wanderte der kleine, mißgestaltete und schüchterne Mensch allein und mittellos nach Berlin, zum Rosenthaler Tor ein, dem einzigen, durch das fremde Juden einpassieren durften, um wieder in der Nähe seines geliebten Lehrers Rabbi Fränkel zu weilen; denn dieser, das fühlte er dunkel, konnte ihm den Weg zu höherer Bildung zeigen. [...] Jahre des bittersten Elends folgten; seine Armut war so groß, daß er an dem Brote, welches er sich wöchentlich als Nahrung kaufte, mit Strichen die täglichen Rationen bezeichnete; weiter durfte er nicht essen, sonst hatte er am Ende der Woche gar nichts!«[37] Die Not fand ein Ende, als Moses eine Lebensstellung bei einem Seidenfabrikanten fand, zunächst als Hauslehrer, dann als Buchhalter. Die Anstellung bei dem reichen, angesehenen ›Schutzjuden‹, der hohes Ansehen genoß, hielt Moses Mendelssohn den Rücken für seine Studien und sein Schreiben frei. In der Familienchronik kann man nachlesen: »Es blieb ihm dabei Muße zu seiner sich immer mehr und mehr ausdehnenden literarischen Tätigkeit, und doch war er nicht auf seine Feder zum Broterwerb angewiesen; seine Unabhängigkeit, auf die er schon von früh an den größten Wert gelegt hatte, war gesichert; selbst in den sieben Leidensjahren der ersten Berliner Zeit hatte er sich nicht entschließen können, Unterstützungen reicher Glaubensgenossen zu erbitten: ›Ich kann meinen Anspruch auf Unterstützung auf nichts begründen, als etwa darauf, daß ich gern etwas lernen möchte, und was geht das andere an‹, sagte er. Diese Stellung zur Bernhardschen Fabrik behielt er bis an sein Lebensende und benutzte seine Muße zu rastloser literarischer Tätigkeit.«[38]

Moses Mendelssohn inspirierte Lessing, mit dem er befreundet war, zu seinem Theaterstück *Nathan der Weise*, der berühmten Parabel über Religionsfreiheit, die 1779 erstmals gedruckt erschien und 1783 im Theater in der Behrenstraße uraufgeführt wurde. *Die fünf Bücher Mose zum Gebrauch der jüdischdeutschen Nation nach der Übersetzung des Herrn Moses Mendelssohn* erschienen ein Jahr nach dem *Nathan* im Verlag von Friedrich Nicolai, der seinen Sitz in einem barocken Haus in der Brüderstraße 13 hatte, bald Treffpunkt der Geisteswelt seiner Zeit. Zur Brüderstraße gelangt man vom östlichen Ende der Jägerstraße aus, wenn man an ihrem Ende links die Kurstraße nimmt,

»Ich wach«. Der Kranich ist das Wahrzeichen der Bankiers Mendelssohn: Gedenktafel an der Fassade Jägerstraße 51

vorbei an den neuen Stadthäusern auf dem Friedrichswerder; die schlanken Gebäude von ganz unterschiedlichen Berliner Architekten erinnern wenigstens entfernt daran, daß diese Gegend einmal von kleinen Gassen und Straßen durchzogen war. Sie fielen bereits 1934 dem 1940 fertiggestellten Erweiterungsbau der Reichsbank zum Opfer, der heute ein Gebäudeteil des Auswärtigen Amtes ist. Am Ende der Kurstraße liegt der Spittelmarkt, da halte man sich links, kommt über die Gertraudenbrücke und findet nach ein paar Schritten die leicht zurückgesetzte Abzweigung in die Brüderstraße. Sie beginnt am Petriplatz, wo einst die Petrikirche stand, Schautafeln, die über archäologische Grabungsergebnisse informieren, erinnern an das zerstörte Gotteshaus. Daß hier einmal das Herz der mittelalterlichen Stadt Cölln, Keimzelle des großen Berlins, geschlagen hat, nimmt man inmitten der vielen leerstehenden Häuser nur ungläubig zur Kenntnis. Neben und gegenüber vom Nicolaihaus, der Landesvertretung von Sachsen und dem sogenannten Galgenhaus machen sich graue Plattenbauten breit. Hier trifft man selten jene Touristenmengen, die sich nur ein paar Gehminuten weiter auf dem Boulevard Unter den Linden und im Lustgarten auf der Museumsinsel tummeln. Die kurze Brüderstraße, die einmal zwei prominente Ausblicke aufwies – am nördlichen Ende das Stadtschloß, am südlichen die Petrikirche, bietet dem seltenen Besucher nun die Rückseite des Staatsratsgebäudes und eine öde Stelle. Die Brüderstraße endet an der unauffälligen Sperlingsgasse. Die hieß vormals Spreestraße und wurde zu Wilhelm Raabes 100. Geburtstag im Jahre 1931 nach seiner *Chronik der Sperlingsgasse* benannt; Raabe wohnte von 1854 bis 1855 in der 11.

Als Autor machte sich Moses Mendelssohn unter anderem durch die Mitarbeit an Nicolais *Allgemeiner Deutscher Bibliothek* einen Namen; mit diesem Projekt verfolgte der Verleger das hehre Ziel, das gesamte Wissen seiner Zeit zu erfassen und den Lesern den unaufhaltsamen Fortschritt menschlichen Denkens vor Augen zu führen. Vis-à-vis vom Nicolaihaus, in der 27, befand sich – lang, lang ist's her, denkt man beim Anblick einer unansehnlichen Sechziger-Jahre-Fassade und des leerstehenden Konfektionskaufhauses Hertzog – ein Weinkeller, die ›Baumannshöhle‹, wo Nicolai, Lessing und Mendelssohn und andere Aufklärer sich trafen. Wie erfolgreich Moses Mendelssohn sich Anerkennung als Vordenker verschaffte und wie wenig selbstverständlich das für einen Juden jener Zeit war, verrät erneut die Familienchronik: »In der Mitte des vorigen Jahrhunderts befanden sich die Juden in Deutschland in der gedrücktesten Lage: durften sie auch nicht mehr in majorem dei gloriam gemartert und geplündert werden, so wurden sie dagegen ›von Staats und Rechts wegen‹ allen nur erdenklichen Beschränkungen unterworfen; fast jeder Lebensberuf war ihnen abgeschnitten; in vielen Städten durften Juden gar nicht, in anderen nur in gewisser Anzahl wohnen; die Judenviertel sind noch heute nicht überall überwundene Standpunkte! – Hier war ihnen das Wohnen in Eckhäusern verboten, dort wurde ihnen nur eine bestimmte Anzahl Heiraten erlaubt, überall aber belastete man sie außer den allgemeinen Steuern noch mit den verschiedenartigsten Abgaben, teilweise ausgesucht beleidigender Art. So z. B. wurde unter Friedrich Wilhelm I. die Berliner Judenschaft genötigt, die auf den großen Hofjagden erlegten Wildschweine zu kaufen, und unter Friedrich dem Großen mußte jeder Jude bei seiner Verheiratung für eine bestimmte Summe Porzellan aus der neugegründeten K[öniglichen]. Porzellanmanufaktur in Berlin entnehmen, und zwar nicht nach eigener Wahl, sondern nach dem Belieben der Manufaktur, die sich auf diese Weise natürlich ihre Ladenhüter vom Halse schaffte. So bekam Moses Mendelssohn, der damals schon allgemein bekannte und geachtete Mann, 20 lebensgroße, massiv porzellanene Affen, von denen sich noch einige in der Familie erhalten haben.«[39]

Moses Mendelssohn wurde von einem Intimus Friedrichs des Großen hoch geschätzt, dem Marquis d'Argens, dem Leiter der Abteilung der Schönen Wissenschaften an der Berliner Akademie. Der veranlaßte Moses, ein Ersuchen an den König zu richten und darin um Schutz zu bitten. »Ich hab von meiner Kindheit an beständig in Ew. Majestät Staaten gelebt und wünsche, mich auf immer in demselben niederzulassen. Da ich aber ein Ausländer bin und das nach dem Reglement erforderliche Vermögen nicht besitze, so erkühne ich mich alleruntertänigst zu bitten: Ew. Königliche Majestät wollen allergnädigst geruhen, mir mit meinen Nachkommen Dero allerhöchsten Schutz neben den Frei-

heiten, die Dero Untertanen zu genießen haben, angedeihen zu lassen, in Betrachtung, daß ich den Abgang von Vermögen durch meine Bemühungen in den Wissenschaften ersetze, die sich Ew. Majestät Protektion vorzüglicherweise zu erfreuen haben.«[40] 1763 erhielt der Bittsteller den gewünschten königlichen Schutz – diesen automatisch auf die Nachkommen auszudehnen lehnte Friedrich indessen ab.
In der Spandauer Straße 68 hatte Moses Mendelssohn seiner Familie eine Wohnung eingerichtet. Dieses berühmte Haus wurde 1886 abgerissen, um die Kaiser-Wilhelm-Straße – heute als Karl-Liebknecht-Straße eine breite Verkehrsachse und die Verlängerung der Lindenstraße – vom Lustgarten her anlegen zu können. An der großen Kreuzung zwischen Berliner Dom und Marienkirche, die sich hier und dort vor dem Himmel abzeichnen, breitet sich der Platz des Marx-Engels-Forums aus. Der Name der nahen Jüdenstraße neben dem Roten Rathaus erinnert noch daran, daß hier, im Herzen von Berlin, bereits im Mittelalter ein stark jüdisch geprägtes Stadtquartier gewesen ist.

Joseph und Abraham, die Söhne dieses mutigen, fortschrittlich denkenden Mannes, müssen zwei vollkommen unterschiedliche Charaktere gewesen sein: »Die beiden wurden von ihren Geschwistern ›Demokrit und Heraklit‹ genannt, nach jenem Philosophenpaar, das in Barockdarstellungen lachend und weinend dargestellt wird, Allegorie der Gegensätze: Der frohe Demokrit sieht in den ewigen Atomen bleibende Kerne des Kosmos, während der triste Heraklit (›Alles fließt‹) die Welt als Kampfplatz der Kontraste erkennt.«[41] Joseph Mendelssohn blieb stets dem Judentum verbunden, Abraham konvertierte zum Christentum. Er hatte seine Kinder Fanny und Felix am 21. März 1816 in der Berliner Neuen Kirche sogar evangelisch taufen lassen und nahm für sich und seine Familie den zusätzlichen Nachnamen ›Bartholdy‹ an. Joseph war ein umsichtiger und bedachter Kaufmann, Abraham liebte das Risiko. »Joseph profiliert sich als Partner preußischer Finanzpolitik, Abraham als unbesoldeter Stadtrat. Joseph gründet ein populäres Theater; Abraham liebt die E-Musik, erzieht zwei Wunderkinder. [...] Joseph ist heiter, Abraham oft düster umwölkt.«[42] In der Spannung zwischen den Mendelssohns und den Mendelssohn-Bartholdys lassen sich deutlich Konflikte um unterschiedliche Wege der Integration erkennen, doch in einem waren sie sich wohl einig: Beide Brüder traten als Mäzene von Künstlern und Stifter von Sozialwerken hervor, gründeten etwa eine ›Renten- und Hagelversicherung‹ und eine ›zoologische Gesellschaft‹. Sie finanzierten die Forschungsreisen Alexander von Humboldts, dessen Geburtshaus sich übrigens in der Jägerstraße 22, direkt am Gendarmenmarkt, befand; das Haus, das heute dort steht, ist Sitz der Berlin-Brandenburgischen Akademie der Wissenschaften. Ihre Privatwohnungen dienten als Treffpunkt für Wissenschaftler, Musiker und Wirtschaftsvertreter in der Hauptstadt Preußens, eine Tradition, die auch die Nachkommen fortsetzten. Joseph Mendelssohns Schwiegertochter Enole etwa war eine talentierte Pianistin, die bei den Gesellschaften der Familie spielte. Ihr liebliches Bildnis kann man auch in der Ausstellung in der Remise Jägerstraße 51 betrachten.

In der Jägerstraße 54 lebte Rahel Levin (1771-1833) mit ihrer verwitweten Mutter und vier Geschwistern zur Miete bei den Mendelssohns – sie wurde unter dem Namen Rahel Varnhagen, den sie 1814 durch die Eheschließung mit dem Schriftsteller und Diplomaten Karl August Varnhagen von Ense (1785-1858) erhielt, als eine der Salonièren des 19. Jahrhunderts berühmt. Das Dachgeschoß der 54 beherbergte zwischen 1793 und 1806 ihren ersten, den ›roten‹

Salon. Die Jahreszahl 1806 markiert den Einzug der napoleonischen Truppen in Berlin, in der besetzten Stadt kam das gesellschaftliche Leben erst einmal weitgehend zum Erliegen, die Kreise von Rahels Gästen zerstreuten sich. Durch wirtschaftliche Sanktionen der französischen Besatzer wurde auch bei den Levins das Geld knapp, das der Bruder mit dem väterlichen Juwelierhandel verdiente, und man mußte sich stark einschränken. Im November 1817 schrieb sie ihrem Mann über die Dachwohnung: »Ja. Da ist mein Mausoleum. Da hab' ich geliebt, gelebt, gelitten, mich empört! Da wacht' ich und litt viele Nächte durch: sah Himmel, Gestirne, Welt, mit einer Art von Hoffnung. Wenigstens mit heftigen Wünschen: war unschuldig; nicht unschuldiger als jetzt, dachte aber, alle Leute seien vernünftig, können es sein. Ich war jung, Du Lieber. Wir gehen noch einmal zusammen an dem Dachfenster vorbei! Ach! Wer ruft nicht so gern Unwiederbringliches an!«[43] Rahel Varnhagen führte ihren Salon erst zwischen 1820 und 1827 an neuer Adresse weiter, Französische Straße 20, an der Ecke zur Friedrichstraße, wohin sie mit ihrem Mann gezogen war. Zwischen 1827 und 1833, nach einem Umzug in die Mauerstraße 36, machte sie ihren Salon unter dem Namen ›Das blaue Zimmer‹ zu einem neuen Hort geistiger Höhenflüge. Diese schönere Wohnung mit »schloßartigen Zimmern in einem bequemen Quartier – die Hinterfenster auf Nachbargärten, wie in einem Forsthaus Luft und Geruch«, schrieb Rahel, befand sich im stattlichen Hause eines Grafen von Königsmarck. Das Haus in der Mauerstraße, die die Friedrichstadt mit ihrem charakteristischen Knick nach Westen hin abschließt und am Checkpoint Charlie endet, ist ebenso wie das Eckhaus an der Französischen Straße nicht mehr da.[44]

Eine Bronzetafel mit Rahel Varnhagens Konterfei findet man indessen im Eingang des Hauses Jägerstraße 54, in dem sich das Sterne-Restaurant ›VAU‹ befindet. In Rahels Salon trafen sich Bürger mit Adligen, Protestanten mit Juden und Freidenkern. »Die Gebrüder Humboldt, Henriette Herz, Schleiermacher – es ist schwierig, die geistig-kulturelle Fülle des ehemaligen Berlins übersichtlich zu bändigen. Hegel, Chamisso, allein die Besucher im Salon der Rahel ... die Gebrüder Schlegel, Jean Paul, Fichte, Eduard Gans und der junge Heine ...«[45] Der romantische Dichter Friedrich de la Motte-Fouqué, auch er Gast im Salon, war 1814 Trauzeuge gewesen. Heinrich Heine, 1821 als widerwilliger Banklehrling in den Salon eingeführt und schon ein früher Vertreter der Flaneur-Literatur, »der manchen Tadel einstecken mußte von Rahel Varnhagen, der mit Fanny Mendelssohn flirtete, der unverbesserliche Heine«[46], amüsierte sich über das Treiben:

»Sie saßen und tranken am Teetisch
und sprachen von Liebe viel.
Die Herren, die waren ästhetisch,
die Damen von zartem Gefühl.

›Die Liebe muß sein platonisch‹,
der dürre Hofrat sprach.
Die Hofrätin lächelt ironisch.
Und dennoch seufzet sie: ›Ach!‹

Der Domherr öffnet den Mund weit:
›Die Liebe sei nicht zu roh,
sie schadet sonst der Gesundheit.‹
Das Fräulein lispelt: ›Wieso?‹

Die Gräfin spricht wehmütig:
›Die Liebe ist eine Passion!‹
Und präsentieret gütig
die Tasse dem Herren Baron.

Am Tische war noch ein Plätzchen;
mein Liebchen, da hast du gefehlt.
Du hättest so hübsch, mein Schätzchen,
von deiner Liebe erzählt.«

Rahel Varnhagen, für Heinrich Heine »die geistreichste Frau des Universums«, war aber nicht die einzige Salonière in der Gegend rund um den Gendarmenmarkt. Die in Berlin gebürtige Henriette Herz führte ihren Salon zwischen 1780 und 1803 in der Spandauer Straße 35, dann in der Neuen Friedrichstraße (heute Littenstraße). Sie war verheiratet mit dem Arzt Marcus Herz, der im Salon über die Ideen von Kant referierte, dessen Vorlesungen er beim Medizin- und Philosophiestudium in Königsberg gehört hatte. Kants Empfehlungsschreiben, von denen sich auch eines an Moses Mendelssohn richtete, ebneten ihm den Weg nach Berlin. Durch Moses Mendelssohns Vermittlung konnte er in Berlin am chirurgischen Kolleg studieren und fand später eine Stelle am Jüdischen Krankenhaus, dessen Direktor Henriettes Vater war. Als Marcus Herz 1803 erst sechsundfünfzigjährig starb, waren die finanziellen Möglichkeiten der Verwitweten stark eingeschränkt, und sie schloß sich dem Salon der Rahel Varnhagen an. Bei Henriette Herz verkehrte der junge Autor Friedrich Schlegel ebenso wie eine der drei Schwestern von Joseph und Abraham Mendelssohn, Dorothea (1764-1839). Die verheiratete Frau, die zwei Söhne hatte, verliebte sich in Schlegel und trennte sich von ihrem Mann, dem Maler Simon Veit. Sie zog mit einem der beiden Söhne in eine eigene Wohnung. Als wäre das nicht schon Skandal genug, ließ sie sich scheiden und heiratete den neun Jahre jüngeren Friedrich Schlegel, der über Dorothea notierte: »Sie ist eine wackere Frau von gediegnem Wert. Sie ist aber sehr einfach und hat für nichts in und außer der Welt Sinn als für Liebe, Musik, Witz und

Philosophie. In ihren Armen habe ich meine Jugend wiedergefunden, und ich kann sie mir jetzt gar nicht mehr aus meinem Leben wegdenken. Dies ist nicht Täuschung, sondern Einsicht, da wir, beide reicher an Sinn und Vernunft als an Phantasie, die Grenzen unserer Verbindung so bestimmt sehen und wissen, und sie besonders hat es immer auf eine große Art, wenngleich sehr weiblich ertragen, wenn ich diese Grenzen mit aller Härte meiner Offenheit bestimmte.«[47] Schlegel setzte seiner Frau in seinem einzigen, die geltende Ehemoral anfechtenden und autobiographisch gefärbten Roman *Lucinde* ein Denkmal – sehr offenherzig verbreitete er sich darin über die Erotik der Beziehung zu Dorothea. Für heutige Leser nimmt sich das allerdings eher harmlos aus: »Lucinde hatte einen entschiedenen Hang zum Romantischen. [...] Auch sie hatte mit kühner Entschlossenheit alle Rücksichten und alle Bande zerrissen und lebte völlig frei und unabhängig. [...] Er konnte nicht widerstehn, er drückte einen schüchternen Kuß auf die frischen Lippen und die feurigen Augen. Mit ewigem Entzükken fühlte er das göttliche Haupt der hohen Gestalt auf seine Schulter sinken, die schwarzen Locken flossen über den Schnee des vollen Busens und des schönen Rückens, leise sagte er *herrliche Frau!*, als die fatale Gesellschaft unerwartet hereintrat.«[48]

Die Kinder von Abraham Mendelssohn und seiner Frau Lea, Fanny (1805-1847) und Felix (1809-1847), taten sich eher durch frühes musikalisches Talent hervor. 1825 erwarb Abraham Mendelssohn das Palais von der Recke in der Leipziger Straße 3, angrenzend an den Leipziger Platz und an der damaligen Stadtgrenze sowie auf einem Nachbargrundstück der Königlichen Porzellanmanufaktur. Es wurde wiederum zum beliebten gesellschaftlichen Treffpunkt. »Allen Mitgliedern der Familie war aber dies Haus

Im 1904 abgebrochenen Palais von der Recke musizierten die Kinder der Mendelssohn-Bartholdys, Fanny und Felix

nicht ein gewöhnlicher Besitz, ein toter Steinhaufen, sondern lebendige Individualität, ein Mitglied, teilnehmend am Glück der Familie, es war ihnen und den Nächststehenden gewissermaßen Repräsentant derselben. [...] Die Räume waren stattlich, groß und hoch, mit jener angenehmen Raumverschwendung gebaut, die in den Zeiten der hohen Grundstückspreise den Architekten fast ganz abhanden gekommen und für deren Wert kaum mehr das Verständnis – oder die Mittel – vorhanden zu sein scheinen. Namentlich war ein Zimmer nach dem Hof hinaus mit einem daranstoßenden, durch drei große Bogen damit verbundenen Kabinett wunderschön und zu Theatervorstellungen wie geschaffen. Hier wurden denn auch viele, viele Jahre hindurch zu Weihnachten, Geburts- und anderen Festen die reizendsten von Witz und Laune sprudelnden Aufführungen veranstaltet. Für gewöhnlich war dies Leas Wohnzimmer. Man hatte aus den Fenstern desselben eine Aussicht auf den sehr großen Hof, umgeben von niedrigen Seitengebäuden und geschlossen durch die einstöckige Gartenwohnung, über welche hinweg die Kronen der hohen Bäume ragten. Diese Gartenwohnung hatten Hensels von ihrer Verheiratung ab inne«, schreibt Sebastian Hensel über das einstige Elternhaus.[49] Fanny Hensel war seit 1829 mit dem Hofmaler Wilhelm Hensel verheiratet. Sie, die auch selber komponierte, ohne zu ihrer Zeit dafür die gebührende Anerkennung zu bekommen, wurde für die Sonntagsmatineen im großen Saal des Hauses gerühmt, die alle zwei Wochen stattfanden, bei denen »die classischen Werke der älteren« und »die besten der neueren Zeit« zu Gehör gebracht wurden und mit denen sie die Tradition der Gesellschaftsveranstaltungen fortsetzte.

Der fünf Jahre jüngere Bruder Felix debütierte im Haus an der Leipziger Straße 3 als Dirigent. Begeistert berichtete der Sänger Eduard Devrient in seinen Erinnerungen von den Sonntagsmusiken, die regelmäßig hier stattfanden: ». . . wozu der vermögende Vater dem Sohn ein kleines Orchester aus der Hofkapelle sammeln konnte, so daß Felix den unermeßlichen Vorteil genoß, schon in diesen Knabenjahren mit der Natur der Instrumente und ihrer Führung vertraut zu werden, auch seine eigenen Kompositionen in praktischer Ausführung sofort prüfen zu können. Auf einem Tabouret stand der Knabe vor seinem Notenpult und nahm sich unter den gesetzten Musikern, besonders neben dem riesigen Kontrabassisten, wunderkindlich genug aus in seinem Knabenhabit, wenn er, die langen Locken in den bloßen Nacken schüttelnd, über die Männer hinsah wie ein kleiner Feldherr, dann tapfer mit dem Taktstock einschlug und mit Ruhe und Sicherheit und doch immer wie lauschend und aushorchend, sein Stück zu Ende dirigierte. Natürlich

führte er auch andere als seine eigenen Kompositionen bei diesen Sonntagsmusiken auf, und sowohl er als Fanny spielten Trios und andere Klavierstücke zum Orchester.«[50] Von Abraham Mendelssohn ist überliefert: »Früher kannte man mich als Sohn meines Vaters, heute kennt man mich als Vater meines Sohnes.«[51]
Fanny Hensel starb am 14. Mai 1847, ihre letzte Ruhestätte befindet sich auf dem Dreifaltigkeitskirchhof hinter dem Halleschen Tor und somit schon im Bezirk Kreuzberg. Felix Mendelssohn Bartholdy starb noch im selben Jahr, am 4. November 1847, und wurde neben ihr beigesetzt. »Tragische Ironie: Felix hatte am 14. November des Vorjahrs nicht nach Berlin zu Fannys Geburtstag kommen können und sie damals mit dem Satz getröstet: ›Verlaß Dich drauf, das nächste Mal bin ich bei Dir!‹«[52]

Das geliebte Heim der Geschwister an der Leipziger Straße wich zu Beginn des 20. Jahrhunderts einem auf andere Weise geschichtsträchtigen Gebäude: 1904 wurde auf dem Grundstück das Preußische Abgeordnetenhaus errichtet, heute das Abgeordnetenhaus von Berlin, Niederkirchner Straße 3-5. Hier erinnert seit März 2002 eine Gedenktafel an die Wohnstätte der Mendelssohns und daran, daß Fanny hier ihre Sonntagsmusiken veranstaltete und Felix Mendelssohn Bartholdy hier mit siebzehn Jahren die Ouvertüre zu ›Ein Sommernachtstraum‹ komponierte.
An den berühmten Musiker erinnert heute auch ein Gipsabdruck einer Büste des Komponisten neben dem Berliner Rathaus. An der U-Bahn-Station Mendelssohn-Bartholdy-Park muß man aussteigen und durch den gleichnamigen Park gehen, um zum Fanny-Hensel-Weg zu kommen. Das heutige Abgeordnetenhaus erreicht man auf kürzestem Wege vom S- bzw. U-Bahnhof Potsdamer Platz aus.

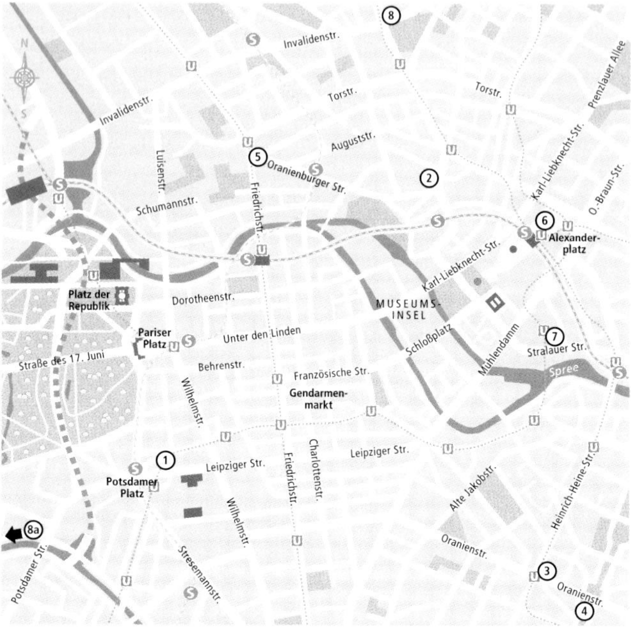

1 Leipziger Platz, ›Wertheim-Brache‹ an der Nordost-Ecke – 2 Wertheim Ecke Sophien-/Rosenthaler Straße (28-31) – 3 Moritzplatz – 4 Oranienplatz – 5 Tacheles, ehem. Kaufhaus – 6 Galeria Kaufhaus (Tietz) – 7 Ehem. Kaufhaus Tietz – 8 Ehem. Kaufhaus Jandorf → 8a KaDeWe

4 Die Stadt der Warenhauspaläste

Auf den Spuren von Wertheim und der Konkurrenz

»Zweitausendsiebenhundert Ladenfräuleins, schwarzgekleidet. [...] Alle in einem gigantischen Glaskasten, welcher acht Hausnummern einnimmt. Das ist Tietz. Tietz ist zwischen Jandorf und Wertheim. Jandorf liegt nach dem Spittelmarkt zu, Wertheim nach dem Potsdamer Platz, Tietz in der Mitte. Alle drei in der Leipziger Straße. Diese Straße wird hierdurch eine Kaufstraße ersten Ranges.«[53] ALFRED KERR

Der westliche Pol der langen Leipziger Straße ist der oktogonale Leipziger Platz mit neuem Mosse-Palais an alter Stelle und inzwischen fast wieder kompletter Randbebauung. Die ausnahmslos neuen Wohn- und Bürogebäude beherbergen etwa den ADAC, die Botschaft von Kanada oder den Hauptsitz des Deutschen Reisebüros, wenig Laufkundschaft, die sich eher ein paar Schritte weiter westlich auf dem Potsdamer Platz und in den dortigen Einkaufsarkaden tummelt. So leer wie die neu angelegten Grünflächen mitten auf dem Leipziger Platz, so leer ist auch immer noch eine riesige Fläche an der Einmündung der Leipziger Straße in das Achteck, das längst geschlossen sein sollte. Um das Grundstück gab es nach der Wende zähe und komplizierte gerichtliche Auseinandersetzungen zwischen den Wertheim-Erben und dem Nachfolger Karstadt, der schließlich unterlag; 2006 verkauften die Erben an einen Investor, das in Parzellen unterteilte Gelände wurde an der Leipziger Straße inzwischen teilweise bebaut, doch noch immer klafft direkt am Leipziger Platz eine riesige Lücke – ein Grund-

stück von 22 000 Quadratmetern! Hier stand seit 1896 und bis zu seiner Beseitigung als Kriegsruine im Jahre 1956 das Warenhaus Wertheim, das Flaggschiff des Kaufhauskonzerns, welches von morgens bis abends Stamm- und Laufkundschaft in sich aufsog und wieder ausspuckte. Es war nicht immer öd und leer am Leipziger Platz.
Vielleicht muß man sich als Begleiterinnen auf eine Zeitreise in die glorreiche Vergangenheit des Kaufhauses die Zwanziger-Jahre-Heldinnen der Romane von Vicki Baum einladen, etwa das in den Privatdetektiv verliebte Warenhausmädchen aus *Der große Ausverkauf*. Oder die jungen Frauen aus den Büchern von Irmgard Keun, wie sie sich die Nasen an den Schaufenstern platt drücken, mit Einkaufstüten behängt übers Trottoir spazieren oder als ›kunstseidene Mädchen‹ selber Angestellte sind in einem der großen Berliner Warenhäuser. Dann verwandeln sich die laute Verkehrsader Leipziger Straße und der leer wirkende Leipziger Platz vor dem inneren Auge wieder in die einstmals enge, wuselige Straßenschlucht: »Und es gibt Hermeline und Frauen mit Pariser Gedufte und Autos und Geschäfte mit Nachthemden von über hundert Mark und Theater mit Samt, da sitzen sie drin – und alles neigt sich, und sie atmen Kronen aus sich heraus. Verkäufer fallen hin vor Aufregung, wenn sie kommen und doch nichts kaufen. Und sie lächeln Fremdworte richtig, wenn sie welche falsch aussprechen. Und sie wogen so in einer Art mit Georgettebusen und tiefen Ausschnitten, daß sie nichts wissen brauchen. Die Servietten von Kellnern hängen bis auf die Erde, wenn sie aus einem Lokal gehen. Und sie können teure Rumpsteaks und à la Meyers mit Stangenspargel halb stehen lassen ohne eine Ahnung und heimliches Bedauern und den Wunsch, es einzupacken und mitzunehmen. [...] Ich bin immer gegangen am Leipziger Platz und Potsdamer.«[54]

Das Flaggschiff des Wertheim-Konzerns am Leipziger Platz: Alfred Messel schuf den prächtigen Warenhauspalast

Georg Wertheim, der Chef des Kaufhauskonzerns, hatte sich für sein neues Kaufhaus am Leipziger Platz einen der namhaftesten Architekten der Epoche bestellt, Alfred Messel, der als sein Hausarchitekt das Gesicht des Unternehmens prägte. Mehr noch: Messel schuf, wie Walter Kiaulehn feststellte, Prototypen für den künftigen Kaufhausbau überhaupt: »Die Sicherheit, mit der sich die Wertheims für ihren Bau den besten Mann holten, Alfred Messel, der an die reinste Schinkeltradition anknüpfte, beweist die überlegene Klarheit ihres Handelns. Messel wurde mit dem Wertheimbau der Klassiker des deutschen Warenhauses.«[55] Im November 1904 öffnete es für die Kundschaft seine Türen. In den Folgejahren mußte Messel das Gebäude mehrmals erweitern. Wertheim an der Leipziger Straße dehnte sich bald über eine ganze Ecke des Leipziger Platzes aus, man nannte es in einem Atemzug mit Sehenswürdigkeiten wie dem Brandenburger Tor oder dem Berliner Dom. »Freilich, das Warenhaus ist keine Berliner Erfindung und keine Berliner Besonderheit; aber es ist an keinem anderen Ort so sehr zum Wahrzeichen des städtischen Lebens geworden. [...] Es ist ein Palast für jeden Vorübergehenden, ein profaner Dom. Er hat die Würde des Gotischen, die Freudigkeit der Renaissance, die Weite des Barock. [...] In Berlin hat dieser gotische Eisenstil begonnen, ganze Straßenzüge einheitlich groß zu prägen.«[56]

Von jenem ›gotischen Eisenstil‹ und den Manifestationen der neuen Warenhauspracht kann man sich in Berlin zwar noch überzeugen, jedoch muß man für einen Spaziergang von Warenhaus zu Warenhaus bzw. deren Nachfolgebauten größere Distanzen durch die Innenstadt überwinden. Während am Leipziger Platz Photos und Literatur der Vorstellungskraft auf die Sprünge helfen müssen, kann man sich zum Beispiel in der Rosenthaler Straße, wohin man am besten mit der S-Bahn zum Hackeschen Markt gelangt, mit eigenen Augen und vor Ort ein ehemaliges Wertheim-Warenhaus ansehen. Hier befand sich das erste Geschäft des Konzerns in Berlin. Die Rosenthaler Straße ist eine der Hauptachsen der sogenannten Spandauer Vorstadt, in der vorwiegend ein mittelständisches Publikum wohnte. 1885 gründeten die Wertheims hier zunächst ein Textilgeschäft, 1903 beauftragten sie wiederum Alfred Messel mit der Errichtung des Neubaus. Der Schriftsteller Max Halbe zog als Student im Oktober 1885 von München nach Berlin. In seinen Erinnerungen *Scholle und Schicksal* (1933) berichtet er von einer »einfachen Studentenbude in der Rosenthaler Straße, die nachher Wertheim Platz gemacht hatte«.[57] Das Eckgrundstück Nummer 28-31 zieht sich weit in die schmale Sophienstraße hinein, wo man an der frisch renovierten Seitenfront des Gebäudes die ursprüngliche Gliederung von Pfeilern und Glas sowie die Lage der Treppen-

Das Wertheim-Kaufhaus an der Ecke Rosenthaler und Sophienstraße: 1903 errichtet, 2008 renoviert

häuser ablesen kann. Dieses am wenigsten zu Schaden gekommene Berliner Wertheim-Kaufhaus wurde nach dem Zweiten Weltkrieg vereinfacht instand gesetzt und gehörte zum ›Volkseigentum‹, die DEWAG (Deutsche Werbe- und Anzeigengesellschaft) quartierte sich hier ein. In den Jahren nach der Wende beherbergte das Gebäude ein Möbelgeschäft. 2008 wurde es entkernt, wobei die Original-Stahlstützen zum Vorschein kamen. Jetzt ist das alte Warenhaus zentraler Sitz der AOK in Mitte. Die Reliefs des Bildhauers Ernst Westphal an der Front zur Schönhauser Allee hin, Fragmente der einst viel üppigeren Ornamentierung, wurden zu Teilen freigelegt. Diese Figuren, denen die Köpfe fehlen, sind indes das Lebendigste, was jetzt noch an die große Epoche des florierenden Warenhauses erinnert.

Die Brüder Wertheim entstammten einer Kaufmannsfamilie mit Tradition: Die Eltern, Abraham und Ida Wertheim, besaßen ein 1875 gegründetes Geschäft für Kurz- und Posamentierwaren an der Ostseeküste, in ihrer Heimatstadt Stralsund. Zwei der sechs Wertheim-Söhne, Hugo (1856-1883) und Georg (1857-1939), übernahmen, erst neunzehn- und zwanzigjährig, die Leitung des elterlichen Ladens. Sie waren gut gerüstet: Beide hatten bereits eine Lehre beim Berliner Textilgroßhändler Wolff & Apolant absolviert. Rasch entwickelten sie neue verkaufsfördernde Ideen: Die Kunden durften, seinerzeit ein absolutes Novum, gekaufte Waren umtauschen; die Preise waren zwar nicht mehr verhandelbar wie früher oft üblich, dafür aber gemäßigt und stabil, und verkauft wurde nur gegen bar – auch das war noch nie dagewesen, stieß bei der Kundschaft aber auf große Zustimmung. Der frühe Tod Hugo Wertheims kam weiteren gemeinsamen Geschäftsunternehmen der Brüder zuvor. Er starb, erst siebenundzwanzigjährig, im Januar 1883

an Tuberkulose. Die Eröffnung einer Filiale in Rostock im selben Jahr erlebte er nicht mehr.
Der Erfolg der Firma Wertheim in der Hauptstadt Berlin resultierte nicht zuletzt daraus, daß Georg sich hier durch seine Lehre bereits gut auskannte. So rechnete er sich nicht nur in Mitte, sondern auch im Bezirk Kreuzberg Kundschaft aus. 1894, noch vor dem Projekt an der Leipziger Straße, eröffnete eine Filiale in der Kreuzberger Oranienstraße, einem dicht besiedelten Wohngebiet mit viel Kleingewerbe und Handwerksbetrieben. Und – Wertheim ließ sich das was kosten – für eine weitere, 1913 am Kreuzberger Moritzplatz errichtete Wertheim-Filiale wurde die Strekkenführung der U-Bahn extra verlegt, so daß der Eingang zum Bahnhof gleich gegenüber dem Warenhaus lag und nicht, wie ursprünglich von den Verkehrsbetrieben geplant, am wenige hundert Meter entfernten Oranienplatz. Das Kaufhaus – eine Kriegsruine – ist spurlos verschwunden, der einst so repräsentative Stadtplatz ein Kreisverkehr, einzig der Knick, den die U-Bahn-Linie 6 dort macht, ist bis heute auf den Plänen zu sehen; und den nie in Betrieb genommenen unterirdischen Bahnhof unter dem Oranienplatz gibt es auch immer noch. Er wird seit einiger Zeit für kulturelle Veranstaltungen genutzt.

Geht man die Rosenthaler Straße hinunter und rechts hinein in die lange Oranienburger Straße, an der Synagoge mit der imposanten goldenen Kuppel und am altehrwürdigen Postfuhramt vorbei, das an eine Basilika erinnert, aber seit 2001 als ›C/O Berlin‹ Photoausstellungen präsentiert, gelangt man zu einer international bekannten Sehenswürdigkeit und Kult-Kulturruine, dem *Tacheles*. Nicht jeder wird dieses geschundene, aber längst durch bauliche Ergänzungen gesicherte und denkmalgeschützte Gebäude mit der Geschichte des Warenhauskonzerns Wertheim in

Verbindung bringen, aber tatsächlich repräsentiert es eines ihrer interessantesten Kapitel. Wo seit 1990, als die Ruine von der Künstlerinitiative ›Tacheles‹ besetzt wurde, Ateliers zu besichtigen sind, man sich im Café Zapata treffen und in einem kleinen Off-Kino ›High End 54‹ bis spät in die Nacht Filme ansehen kann, wurden ursprünglich Feinkost und Luxusartikel angeboten. In der Toreinfahrt des Gebäudes, kann man, den Blick nach oben gerichtet, vier kopflose Steinfiguren sehen, die den Gewerbefleiß symbolisieren sollten. Angestachelt durch den wirtschaftlichen Erfolg seines Bruders Georg, übernahm der ein Jahrzehnt jüngere Bruder Wolf (1867-1940) Anfang 1909 die Friedrichstraßenpassage, obwohl die Geschäfte hier nicht zum besten liefen. In diesem letzten großen Passagenbau Europas, welcher Friedrich- und Oranienburger Straße durch eine hohe Halle verband, wurden in großzügigen Räumen viele verschiedene Einzelhandelsgeschäfte unter einem Dach vereint – eine moderne Idee im Sinne heutiger Shopping-Malls und Einkaufsarkaden. Wolf Wertheim hoffte darauf, die Kundschaft mit Husaren-Kunststückchen wie einem Flug des französischen Piloten Hubert Latham von Tempelhof nach Johannisthal, mit flotten Werbesprüchen und Sonderangeboten von der Leipziger Straße in den nicht minder spektakulären Bau an der belebten Ecke der beiden großen Straßen, Oranienburger Straße und Friedrichstraße locken zu können – doch er scheiterte im großen Stil. Mit Ausnahme der Lebensmittelabteilung liefen die Geschäfte nur schleppend. Schon im August 1909, ein halbes Jahr nach der Eröffnung, schrieb das Passage-Kaufhaus rote Zahlen, und nachdem Wolf Wertheim noch ein paar Jahre mit Hilfe von Krediten durchgehalten hatte, mußte er das Unternehmen 1914 hochverschuldet wieder aufgeben. Noch vor Ausbruch des Ersten Weltkriegs wurde das gigantische Eckgebäude zwangsversteigert, es stand eine Weile leer und wurde

Bedrohte Künstleroase Tacheles: das frühere Kaufhaus von Wolf Wertheim in der Friedrichstadtpassage

während der zwanziger Jahre teilweise von der AEG als Ausstellungsfläche, als ›Haus der Technik‹ genutzt. Das im Krieg erstaunlich wenig beschädigte Gebäude kam immer mehr herunter, in einem Trakt war die Artistenschule der DDR untergebracht, aber ganz ausgelastet war es nie. 1982 wurde die Kuppel des Hauses ohne Not gesprengt. Erst nach der Wende kam das Haus zu neuen Ehren, doch die Künstler, die eigentlichen Neu- und Wiederentdecker des alten Warenhausbaus, bangen nun um ihre Zukunft, denn seit Ende 2008 ist ihr Vertrag mit dem Eigentümer, einem Investor, ausgelaufen – und das Kunsthaus ist pleite wie Wolf Wertheim ehedem, es droht die Zwangsversteigerung. Doch vielleicht findet sich ja wieder ein Visionär, der dem Schloßwiederaufbau nacheifert und die Passage rekonstruieren möchte – immerhin unterstützte Wolf Wertheim auch Liebermanns Secession und ließ in seinem Wohnort Berlin-Kladow am Wannsee ein Heinrich-Heine-Denkmal errichten. Leider ist es nicht mehr vorhanden. Auch die Schließung der Galerie C/O Berlin droht, und damit die kulturelle Verödung dieses westlichen Teils der Oranienburger Straße, in der sich schon jetzt hauptsächlich Restaurants für die Massenabfertigung aneinanderreihen.

Die Wertheim-Warenhäuser unter Georg Wertheims geschickter Geschäftsführung kündeten nicht nur vom Beginn einer neuen Epoche der Einkaufskultur, sondern damit einhergehend auch von einem Wandel in den Geschlechterrollen. Eine neue Generation von Frauen fühlte sich nicht mehr in der Pflicht, Tischwäsche zu nähen, Kleider selber zu fabrizieren und Federn zu rupfen. Nun gab es den Wertheim-Katalog, der in Schwarzweißzeichnungen alles Begehrenswerte anbot, vom Fischbeinkorsett bis zum Paletot. Das Sortiment von Textil- und Kurzwaren wurde erweitert, der Warenkatalog zeigte alle möglichen Accessoires von der

Hutblume bis zum Strumpfband; schließlich kamen auch Haushaltswaren hinzu. Darüber hinaus begegneten die Angestellten den Kunden mit ausgesuchter Zuvorkommenheit. Ob Arbeiterfrau aus der Spandauer Vorstadt oder gutsituierte Dame aus dem neuen, als neureich verschrieenen Westen Berlins, die es näher zum Leipziger Platz hatte – die Philosophie des Unternehmens Wertheim sah vor, alle Kunden gleich zu behandeln. So war es den Angestellten sogar verboten, Personen von höherem Rang in Gegenwart einfacherer Menschen mit ihrem Titel anzusprechen oder bevorzugt zu bedienen. Franz Hessel sah in den großen Berliner Warenhäusern »nicht verwirrende Basare bedrängender Überfülle, sondern übersichtliche Schauplätze großer Organisation«[58]. Die Faszination Warenhaus, von so vielen Schriftstellern euphorisch beschrieben, ist besonders anrührend vor dem Hintergrund, daß Warenhäuser heute reihenweise schließen müssen, weil ihr Konzept in Zeiten internationaler Billig-Anbieter und Marken-Flagstores nicht mehr aufgeht. Und Hessels Eindruck, daß die Waren »fast nüchtern« dargeboten wurden, klingt wie ein direkter Gegensatz zu der marktschreierischen Werbung, mit der der Konsument heutiger Einkaufsarkaden gelockt werden soll: »›Anständig‹ ist das Adjektiv, dem der Geschmack nicht widerstehen kann. Nur in Handarbeitslagern und bei Galanteriewaren häufen sich die bedenklicheren Einfälle. In den Lagern der Konfektion sieht man nur Gediegenes, Unauffälliges, das sich der Mode mit einem gewissen Zaudern und Widerstreben annähert und sie eher zu vertuschen sucht, als daß es ihr entgegenkommt. Ein wenig leer ist es in dieser Gegend, es ist, als fehle ein vermittelndes Element. Da wirken die Stapel der Kochtöpfe und Backformen, der Gardinenringe und Frühstückservice erheblich bunter und munterer. [...] Ja, sonst gibt es in diesen Straßen auch recht langweilige Geschäfte mit leblosen Auslagen, die nichts weiter suggerieren als einen Austausch von Ware und Geld. Wir werden erst wieder wach vor der strahlenden Halle des Riesenkomplexes Warenhaus. [...] so genießen wir doch vor diesem geordneten Reichtum an Waren aller Art die Vielfalt, vor der unsere Bedürfnisse, die uns eben noch so erheblich erschienen, plötzlich Liliputmaß annehmen. Aber uns kann geholfen werden. Die Verkäufer und Verkäuferinnen haben den ›Dienst am Kunden‹ von Grund auf studiert. Die großen Kaufhausfirmen haben Schulen ins Leben gerufen, in denen Lehrer, die an Handelshochschulen vorgebildet sind, den jungen Mädchen Anschauungsunterricht über die Behandlung der Ware und der Kunden geben. Wir ahnen gar nicht, was für Künstlerinnen des Verkaufs und der richtigen Suggestion wir gegenüberstehen, wenn uns die kleinen Fräulein von Wertheim und Tietz sanft in ihren Bannkreis ziehen.«[59]

Tietz: So kurz und knapp klingt der Name des größten Konkurrenzunternehmens von Wertheim. Oscar Tietz hatte 1882 in Gera das Stammhaus des Konzerns gegründet, der später zu Hertie wurde – eine Kurzform von Hermann Tietz, dem Onkel und Förderer von Oscar Tietz, der ihm mit einem großzügigen Kredit den Sprung ins Geschäftsleben erleichtert hatte. In der Leipziger Straße 46-49, am im Bombenhagel des Zweiten Weltkriegs untergegangenen Dönhoffplatz, siedelte Tietz im Jahr 1900 sein Konkurrenzgeschäft an, ein wahrer Palast, von dem heute nichts mehr zu sehen ist, außer auf Photos: eine von drei Risaliten gegliederte großflächige spiegelnde Glasfassade, oben auf dem Dach eine gigantische Weltkugel auf einem Türmchen, im Untergeschoß des sechsstöckigen Hauses eine Weinkellerei. Dort, wo es stand, ist die Leipziger Straße auf hundert Meter verbreitert, da staffeln sich die sechs zwanzigstöckigen Wohnhochhäuser und die nach der Wende verschönerten Scheiben etlicher Plattenbauten aus DDR-Zeiten. Statt am einstigen Standort des Tietz-Palastes eine Verbindung zwischen Konfektions- und Zeitungsviertel zu schaffen, so wie einst, trennt sie die Leipziger Straße hier als breite Verkehrsschneise mit langen Ampelphasen für die Passanten. Greifbarer für den Spaziergänger auf den Spuren der alten Warenhäuser wird da schon die Vorstellung einer zweiten Tietz-Filiale, die 1904 auf dem Alexanderplatz entstand. Der weithin sichtbare kubische, nach Plänen von Josef Paul Kleihues umgestaltete, mit Travertin verkleidete Baukörper gegenüber vom S-Bahnhof Alexanderplatz, birgt heute wie damals ein Warenhaus mit Schlemmerabteilung und Weinverkostung. Das Gebäude ist schlicht und elegant, hat aber mit dem Neubau von 1904 nichts zu tun, der auf dem weiten Platz stand wie ein absolutistisches Schloß. Stark kriegszerstört, wurde es abgetragen, 1967 entstand auf der leeren Fläche das HO-Centrum-Kaufhaus, Aushängeschild der DDR-Konsumkultur. Wenn sich seit den Zeiten, als Döblins Franz Biberkopf hier verkehrte, etwas bis heute wirklich nicht geändert hat an diesem Platz, dann ist es das ›Lokalklima‹: »Wind gibt es massenhaft am Alex, an der Ecke von Tietz zieht es lausig.«[60] Ganz in der Nähe des Alexanderplatzes, wenn man die gnadenlose Verkehrsachse Grunerstraße überwunden hat oder einfach eine Station mit der U-Bahn weiterfährt zur Klosterstraße, steht man vor einem weiteren, einem kleineren, aber denkmalgerecht sanierten Tietz-Geschäftshaus, das ist die Klosterstraße 64. Es wurde 1906 vom Architekten Georg Lewy errichtet, und seine prächtige zeittypische Fassadengestaltung erzählt immer noch vom Einkaufsbummel als großem Fest. Wer sich Einlaß verschafft, gelangt in zwei schöne quadratische Innenhöfe.

Wer wiederum vom Alexanderplatz aus mit der U-Bahn-Linie 6 nur zwei Stationen in nördlicher Richtung bis zum

Rosenthaler Platz fährt und dann die Brunnenstraße hinaufgeht, der stößt an ihrer Ecke zur ansteigenden Veteranenstraße auf das ehemalige Warenhaus von Adolf Jandorf (1870-1932). Der Name des Unternehmers ist wohl deswegen weitgehend in Vergessenheit geraten, weil er anders als Wertheim und Tietz noch während der zwanziger Jahre aus der Öffentlichkeit verschwand: Sämtliche Jandorf-Filialen, die ›Union-Kaufhäuser‹, wurden 1926 von Tietz übernommen. Jandorf hatte als Zwanzigjähriger die modernen Verkaufsstrategien in den USA studiert. In Berlin eröffnete er sieben Geschäfte, 1892 sein Stammhaus am Spittelmarkt, welches ›Hamburger-Engros-Lager‹ hieß und eine Fachhandlung für Kurz-, Weiß- und Wollwaren war, sowie sechs weitere Filialen: in Kreuzberg am Kottbusser Damm sowie am Halleschen Tor, in Charlottenburg an der Pestalozzistraße, in Wilmersdorf das ›Kaufhaus des Westens‹ am Tauentzien, in Friedrichshain an der heutigen Karl-Marx-Allee und schließlich das Haus in der Brunnenstraße in Mitte. Zu Mauerzeiten befand sich darin das Modeinstitut der DDR, nach der Wende sah man verschiedene Mieter kommen und gehen. Obwohl aufwendig saniert und gelegen am Fuße des lebendigen Kiezes um den Zionskirchplatz, wenige Schritte vom Knotenpunkt Rosenthaler Platz entfernt, steht das schöne Gebäude nun schon lange Zeit leer. Die Schaufensterscheiben sind mit mehreren Schichten von Plakaten zugekleistert, auf denen Konzerte und Diavorträge angekündigt werden. Drei große Bienen in einem Wappen als Fassadenschmuck erinnern noch an die ursprüngliche Nutzung des Hauses durch einen emsigen Unternehmer. Gegenüber, im Weinbergspark, sitzt Waldemar Grzimeks bronzener Heinrich Heine lässig auf einem Sockel und läßt es zu, daß Kinder auf ihm herumklettern.
Auch wenn Tietz sich durch Zukäufe etablierter Häuser wie der von Jandorf höhere Umsätze verschaffte, unumstrit-

tener Marktführer blieb Wertheim. Der Staatsmann Gustav Stresemann schrieb 1900: »Wenn man heute in einer Familie hört: Wir gehen zu Wertheim, so heißt das nicht in erster Linie, wir brauchen etwas besonders notwendig, sondern man spricht wie von einem Ausfluge. Die Zeit verfliegt mit dem Betrachten der verschiedensten Rayons, der Toiletten der einkaufenden Damen, und wenn man an der Uhr plötzlich sieht, daß es höchste Zeit sei heimzukehren, so macht man die Wahrnehmung, daß man anstatt der einen Cravattenschleife, die man kaufen wollte, mit einem ganzen Bündel der verschiedenartigsten Sachen beladen ist. Man nimmt sich vor, nicht wieder so leichtsinnig zu sein, aber sobald man das Warenhaus betreten hat, wiederholt sich das Schauspiel aufs neue.«[61]

Das Warenhaus als Blüte jüdischen Kaufmannswesens, die Fülle des Sortiments, dargeboten in veritablen Palästen, das war den Nationalsozialisten schon in den Jahren vor 1933 ein Dorn im Auge. Boykottaufrufe und gezielte Angriffe gegen die Kaufhausdynastien richteten sich massiv gegen die jüdischen Warenhausbesitzer, denen mit ewigen Stereotypen die Schuld für den ›Niedergang des deutschen Kaufmanns‹ zugeschrieben wurde. Die rechtsnationale Presse verbreitete Lügen: Wertheim arbeite mit falschen Maßen, die schlechten Arbeitsbedingungen, das große Angebot seien eine sittliche Gefährdung der Kunden. 1933 glaubte der getaufte Georg Wertheim immer noch, sich trotz organisierter Boykotts gegen die Warenhausketten mit den neuen Machthabern arrangieren zu können – er entließ sogar jüdische Angestellte und hißte eine Hakenkreuzfahne auf seiner prächtigsten Filiale, aber das führte zu nichts. Die Wertheims wurden ebenso wie die Familie Tietz gezwungen, ihr Imperium aufzugeben. »1. Januar – Georg Wertheims Austritt aus dem Geschäft«, so notiert es der-

Das Kaufhaus Jandorf an der Ecke Brunnen- und Veteranenstraße war auch als ›Warenhaus am Weinberg‹ bekannt

selbe lapidar in seinem Tagebuch aus dem Jahr 1937. Nach zweiunddreißig Ehejahren ließ sich Georg Wertheims Frau Ursula auf Druck der Nazis von ihrem Mann scheiden und führte die Geschäfte gemeinsam mit ihrem neuen Ehegatten fort, der nicht Jude war. Seine Firma wurde nach der Enteignung nüchtern in ›Allgemeine Warenhandels-Gesellschaft‹ (AWAG) umbenannt, die Tietz-Häuser wiederum wurden jetzt zur ›Hertie Waren- und Kaufhaus GmbH‹. Statt avantgardistischer, glitzernder Schaufenstergestaltung konnte man nun Schaufensterpuppen sehen, die bezopft, züchtig und bieder Hausfrauenmode präsentierten. Georg Wertheim, stets gewissenhafter Geschäftsmann und ein Neuerer innerhalb der Berliner Einkaufswelt, starb am 31. Dezember 1939 als verarmter und aus allen früheren Zusammenhängen gerissener Mann an einer Lungenentzündung. Er liegt auf dem Dreifaltigkeits-Kirchhof am Kreuzberger Mehringdamm begraben.

Seit November 1943 gingen immer häufiger Bomben über der Berliner Innenstadt nieder, und das Wertheim-Haus in der Leipziger Straße stand, da in unmittelbarer Nähe von Reichskanzlei, Ministerien und Führerbunker, mitten im Zentrum der Angriffe. 1945 war das prächtige Haus nichts mehr als eine Ruine. 1949, in der neu gegründeten DDR, wurde der gesamte Wertheim-Besitz zum Volkseigentum erklärt und die Familie damit kurzerhand ein zweites Mal enteignet. Auf der anderen Seite der deutschen Grenze, in der jungen Bundesrepublik, kaufte der Hertie-Konzern 1951 die Mehrheit der Anteile und führte den Betrieb unter dem Namen Wertheim weiter. Die Angehörigen der Familie wurden mit einem lächerlichen Betrag abgespeist und gaben schließlich alle Ansprüche auf die an Hertie verkauften Firmenanteile auf. 1994 wiederum ging Hertie im Karstadt-Unternehmen auf – und für dieses geht es (wie fürs Tacheles) im Sommer 2010 um die Frage: Fortbestand oder

Zerschlagung. Der Investor Nicolas Berggruen, Sohn des Kunstsammlers Heinz Berggruen, gibt Grund zur Hoffnung auf das Überleben des Konzerns.
In einem planwirtschaftlich organisierten Staat konnte in der Hauptstadt der DDR neben den HO-Läden kaum etwas gedeihen, was der einstigen Wertheim-Einkaufskultur würdig gewesen wäre. Wo sich am Leipziger Platz im Schatten der Mauer und überwacht von Grenzposten die Wertheim-Brache ausbreitete, war nach der Beseitigung der Kaufhausruine in den Jahren 1956/57 als ihr einziger Gebäudeteil noch der Tresorraum des Riesenkaufhauses übriggeblieben. Seine stahlbewehrten Mauern hatten den Bomben und lange auch der Abrißbirne standgehalten. Nach der Wende beherbergte er unter dem Namen ›Tresor‹ einen der bekanntesten neuen Clubs der wiedervereinigten Stadt. Vor der pittoresken Kulisse aus alten Schließfächern wurde seit den Neunzigern getanzt bis in die frühen Morgenstunden. Seit Mai 2005 ist auch der, trotz heftiger Proteste nicht nur aus der Club-Szene, verschwunden und einem Büroneubau gewichen.
Im ›alten Westen‹ der geteilten Stadt Berlin konnte man schon bald nach dem Zweiten Weltkrieg wieder das Erbe der alten Kaufhauskultur antreten: Das von Jandorf gegründete Kaufhaus des Westens mauserte sich, obwohl durch Kriegsschäden fast vollständig ausgebrannt, seit seiner teilweisen Wiederherstellung und Wiedereröffnung 1950 über die Jahrzehnte wieder zu einem Flaggschiff der traditionsreichen glamourösen Warenhäuser der ersten Stunde. Das KaDeWe wurde, wie zur Zeit des Eisernen Vorhangs bald ganz West-Berlin metaphorisch genannt wurde, zu einem wahren ›Schaufenster des Westens‹. Wie zu seiner Eröffnung im Jahre 1907, als Jandorf zu Recht auf die zahlungskräftige Kundschaft in Ku'dammnähe, wo der neue preußische Geldadel sich ansiedelte, spekuliert hatte, funktionierte das

Kaufhaus auch nach dem Krieg wieder. Und trotz der aktuellen Krise der großen Warenhauskonzerne, trotz Schließung vieler Häuser im Jahre 2009: Das KaDeWe in Charlottenburg bleibt als feine Adresse erhalten und somit auch weiterhin eine Attraktion für Touristen, die mit Vorliebe die Feinschmeckeretage im 6. Stock ansteuern, wo man sich zwischen den vielen Theken und Truhen mit Delikatessen leicht verlaufen kann. Und auch in der Parfumabteilung im Erdgeschoß des KaDeWe bekommt man noch eine Idee vom einstigen Luxus, dem *Paradies der Damen*, welches die Warenhaustempel sein wollten. Hier lebt die von den Brüdern Wertheim begonnene Tradition weiter fort. Wer es besuchen will, steigt an der U-Bahn-Station Wittenbergplatz aus.

Für die Neubebauung des Wertheim-Grundstücks am Leipziger Platz gab es im November 2009 endlich grünes Licht: Vorgesehen ist ein Geschäfts- und Bürohaus mit Gastronomie und Kinos. Ein Masterplan-Entwurf des Büros Kleihues + Kleihues mit einer Pfeilerfassade erinnert entfernt an den alten Kaufhausbau von Alfred Messel.

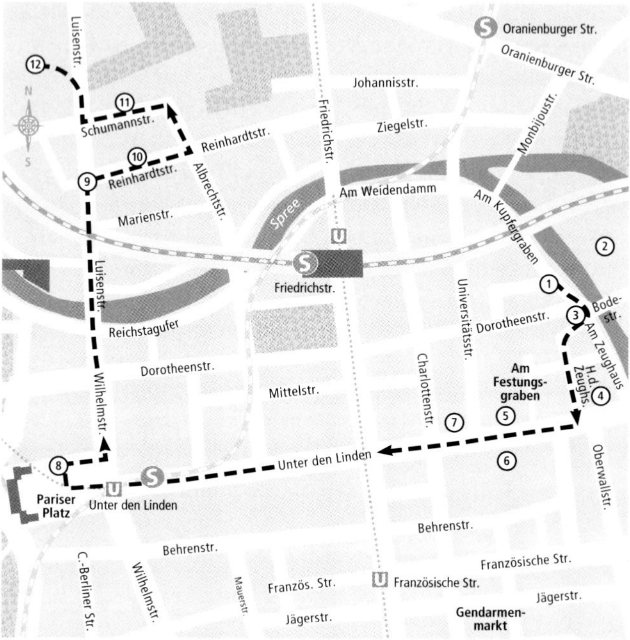

1 Haus am Kupfergraben (Magnus-Haus) – 2 Museumsinsel: Pergamon- und Neues Museum – 3 Sammlung Heiner Bastian – 4 DHM – 5 HU-Hauptgebäude – 6 Bebelplatz – 7 Staatsbibliothek Unter den Linden – 8 Ehem. Wohnhaus von Max Liebermann – 9 Karlplatz mit Brechts Pappeln – 10 Reinhardtstraße 46 und 34 – 11 Schumannstraße 18, ehem. Privatklinik – 12 Charité, Skulpturengarten

5 Metropole der Naturwissenschaften

Gustav Magnus und sein Erbe – vom Kupfergraben zur Charité

»Eine Minute ist so lang [...], sie dauert *so lange, wie der Sekundenzeiger braucht, um seinen Kreis zu beschreiben«,* so *Ziemssen. Und Castorp: »Tatsächlich genommen ist das eine Bewegung, eine räumliche Bewegung, nicht wahr? Wir messen also die Zeit mit dem Raume. Aber das ist doch ebenso, als wollten wir den Raum an der Zeit messen – was doch nur ganz unwissenschaftliche Leute tun.«*[62] Thomas Mann

Am Kupfergraben: Diese Straße führt als Uferpromenade an der Spree entlang. Der Blick übers Wasser fällt auf das Pergamonmuseum und das in neuem Glanze erstrahlende Neue Museum, sofern nicht Schlangen geparkter Reisebusse ihn versperren. Dreht man sich um, sieht man, gegenüber vom Pergamonmuseum, Polizisten, die vor einem Hauseingang Wache schieben. Das bedeutet: Die Bundeskanzlerin ist zu Hause. Angela Merkel hat ihre Privatwohnung am Kupfergraben, in einem von drei klassizistischen Wohnhäusern, ein Ensemble, das bis an die Bauhofstraße reicht. Auf der anderen Seite der Bauhofstraße steht ein barockes, zweistöckiges Palais in sanftem Ockergelb: das Magnus-Haus. Es fällt schon deshalb ins Auge, weil es sehr untypisch für die heutige Berliner Stadtlandschaft ist, der so viele ihrer barocken Bauten verlorengegangen sind. Eine große Tafel neben dem Eingang am Kopf einer geschwungenen Freitreppe gibt Aufschluß über die Bedeutung des Hauses und seines Namens: Hier wohnte und experimentierte im 19. Jahrhundert der Physiker Gustav Magnus.

Wird Moses Mendelssohn immer wieder als Lichtgestalt der Aufklärung und der Geisteswissenschaften genannt, so steht der Name Gustav Magnus für eine große Tradition naturwissenschaftlicher Forschung, vor allem auf dem Gebiet der Physik und der Chemie.

Gustav Magnus wurde am 2. Mai 1802 als Joseph Meyer Magnus am Molkenmarkt 4 geboren, in jener Gegend Berlins, die mit ihren Gäßchen und dem verschwundenen Jüdenhof auf das 13. Jahrhundert zurückging. Heute ist der Molkenmarkt eher unwirtlich für den Fußgänger, nämlich ein viel befahrenes Stück Straße zwischen Mühlendamm und Grunerstraße, zwischen Nikolaiviertel und Altem Stadthaus. Geplant ist ein Rückbau dieser Verkehrsachse und eine Stadtsanierung im Sinne der ehemaligen Straßenverläufe. Gustav Magnus' Vater war der jüdische Tuch- und Seidenhändler Emanuel Meyer Magnus, der aus Schwedt an der Oder stammte und im letzten Jahrzehnt des 18. Jahrhunderts nach Berlin gezogen war, um hier sein Glück zu finden. Die Mutter von Joseph Meyer Magnus hieß Merle, später Marianne Fraenkel, und sie gehörte einer sehr angesehenen Berliner jüdischen Familie an. Sie war mit dem Lehrer von Moses Mendelssohn, dem Rabbiner David Fraenkel, sowie mit dem Bankier und Oberlandesältesten der Judenschaft Preußens Daniel Itzig verwandt.

Das Tuchgeschäft des Vaters nahm großen Aufschwung. Seine Familien- und Geschäftsverbindungen reichten weit über Berlin hinaus, bis nach London und Warschau. Zwar genoß die Familie seiner Frau als eine der wenigen jüdischen Familien Berlins das Generalschutzprivileg, insgesamt stand jedoch auch hier die rechtliche Zurücksetzung der Juden in Preußen in einem Spannungsverhältnis zu ihrer ökonomischen Unabhängigkeit, ihrer Bedeutung und ihrer Zugehörigkeit zur Oberschicht. Das Familienoberhaupt zog die Konsequenz: Im Jahre 1807, als Joseph Meyer Magnus

Das Magnus-Haus Am Kupfergraben 7, eines der wenigen erhalten gebliebenen barocken Stadtpalais, ist nach dem Physiker Gustav Magnus benannt

fünf Jahre alt war, ließ sich der Vater mit seinen fünf Söhnen taufen, und jeder von ihnen nahm neue, deutsch bzw. christlich klingende Namen an. Joseph hieß fortan Heinrich Gustav, genannt Gustav, der Vater Johann Matthias Magnus. Die Mutter entschloß sich erst einige Zeit später dazu, zum christlichen Glauben überzutreten, und wohl nicht zufällig im selben Jahr, 1812, als Staatskanzler Karl August von Hardenberg das Emanzipationsedikt durchgesetzt hatte, welches den Juden die preußischen Staatsbürgerrechte einräumte, etwa die freie Wahl des Wohnsitzes oder das Recht, ein Gewerbe zu treiben. Voraussetzung dafür war, daß sie einen Familiennamen annahmen.
Der Vater eröffnete eine Bank, deren Geschäfte nach seinem Tod sein zweitältester Sohn Friedrich Martin Magnus übernahm. Wohn- und Geschäftsadresse des Familienunternehmens war fortan die Behrenstraße 46, das Haus an

der nordöstlichen Ecke zur Charlottenstraße. Das Bankhaus »F. Mart. Magnus« mitten im Bankenviertel der Stadt gehörte im 19. Jahrhundert neben dem der Mendelssohns in der benachbarten Jägerstraße zu den überaus erfolgreichen und geschätzten Bankhäusern Berlins. Es bestand bis 1872 unter der Leitung des Neffen von Gustav Magnus, Victor. In der Behrenstraße 71, an der Ecke zur Wilhelmstraße, hatte zwischen 1821 und 1822 übrigens schon Heinrich Heine gewohnt, als er hier an der Universität Jura studieren sollte, finanziert durch seinen Hamburger Onkel, den Bankier Salomon Heine. Aus jener Zeit stammen seine *Briefe aus Berlin*, in denen aber mehr vom Theater und der Oper die Rede ist als von Büchern und Kathedern. Eine Gedenktafel am Haus erinnert an den Dichter.

Gustav Magnus erwarb das Anwesen am Kupfergraben im Jahre 1840. Zu diesem Zeitpunkt war er bereits erfolgreicher Dozent für Chemie, Technologie und Physik an der Berliner Universität. Zehn Jahre zuvor hatte er seine Habilitation beantragt. Seine Venia legendi erhielt er nach einer in lateinischer Sprache gehaltenen Vorlesung »De aurore borealis«, einer Abhandlung über das Nordlicht. Gustav Magnus experimentierte mit physikalischen Apparaten. Er war ein beliebter Lehrer, der es verstand, die Naturwissenschaften in die Praxis einzubinden. So hielt er im Sommer regelmäßig Vorlesungen über Technologie. Nach Magnus benannt ist der von ihm entdeckte ›Magnus-Effekt‹. Gemeint ist damit die Abweichung eines rotierenden Körpers von seiner Flugbahn, die der Physiker genauestens berechnete – am greifbarsten wird die komplizierte Rechenaufgabe, wenn man sich einen Fußball vorstellt, auf den die Kraft des Fußes wirkt, mit dem er getreten wird, und die über den Weg ins Tor – oder daran vorbei – bestimmt. Da die Berliner Universität Gustav Magnus verschiedene

Instrumente nicht zur Verfügung stellen konnte, die für seine Versuchsanordnungen und Demonstrationen notwendig waren, ließ er sie auf eigene Kosten in Paris anfertigen. Eine von Magnus' Erfindungen ist das Geothermometer zur Messung der Temperatur in verschiedenen Erdschichten – und mittels der Geothermie und der Erhitzung des Wassers aus der Erdwärme verfügt man heutzutage über eine der umweltschonendsten und sparsamsten Heizmethoden. Indem Magnus seiner Lehre konsequent praktische Experimente und deren Resultate zugrunde legte, trug er wesentlich zur Überwindung der spekulativen Naturphilosophie und zur Begründung der modernen Experimentalphysik bei. Sein Wohnhaus am Kupfergraben entwickelte sich zu Lehranstalt, Laboratorium und einem Treffpunkt von Gelehrten. In dem in seinen Privaträumen abgehaltenen, sogenannten ›physikalischen Kolloquium‹ forderte er seine Schüler dazu auf, Veröffentlichungen im freien Vortrag vorzustellen, zu diskutieren und zu verteidigen. Und eben darin bestand Gustav Magnus' herausragende Bedeutung als Lehrer: Es lag ihm am selbständigen Denken und Forschen, nicht an der Begründung einer eigenen Magnus-Schule, bei der die Schüler ihrem Lehrer als einziger Autorität in Theorie und Praxis treu zu folgen hätten. Womöglich war es gerade diese Ausrichtung der Lehre zur Selbständigkeit, die 1845 zur Gründung der Physikalischen Gesellschaft zu Berlin führte. Magnus selbst war nicht daran beteiligt; die Gesellschaft war eine externe Begründung durch seine Schüler. Es waren ihrer sechs, und sie hießen: Gustav Karsten, Wilhelm Heintz, Hermann Knoblauch, Ernst Wilhelm Brücke, Emil Du Bois-Reymond, Wilhelm Beetz. Magnus gehörte der Physikalischen Gesellschaft selber also nicht an, wurde aber 1867 zum Mitbegründer der Deutschen Chemischen Gesellschaft. Zu den häufig Vortragenden bei den Sitzungen der Physikalischen Gesellschaft, die aber nicht im Magnus-Haus, sondern in der Französischen Straße 28 tagte, gehörte auch der Erfinder und Begründer der Elektrotechnik Werner Siemens, der etwa über die bahnbrechenden Fortschritte der Kommunikation durch die Telegraphie referierte. Und Hermann von Helmholtz, Physiker und Universalgelehrter von außerordentlichem Rang, forschte im Laboratorium am Kupfergraben und trug ebenfalls in der Physikalischen Gesellschaft vor, etwa seinen berühmt gewordenen Vortrag über die Erhaltung der Kraft. Tatsächlich reichte der Wirkungskreis von Gustav Magnus' Schülern sehr weit. Sechsundzwanzig seiner Studenten bekleideten später einen Lehrstuhl. Mit Fug und Recht kann das Haus des Gustav Magnus somit als Wiege der deutschen, mehr noch, der europäischen Naturwissenschaften im 19. Jahrhundert bezeichnet werden.

Doch warum zog der achtunddreißigjährige Gustav Magnus 1840 in das repräsentative Haus am Kupfergraben? Sein Bruder Eduard, heute ein leider weitgehend vergessener, im 19. Jahrhundert aber sehr erfolgreicher und beliebter Bildnismaler – seine Portraits hängen heute dem Magnus-Haus gegenüber in der Alten Nationalgalerie auf der Museumsinsel –, gibt Antwort auf die Frage. Eduard schreibt zu Beginn des Jahres an einen Freund: »Mein Bruder Gustav ist ja Bräutigam. Bedenken Sie doch! Der kleine Kerl hat Courage gefaßt, ein schönes junges, reiches Mädel zu freien! Eine Fräulein Humblot, die Tochter des ehemaligen Associés von Duncker u H(umblot). Am 2. (Weihnachts)-Feiertage hat er sich verlobt u. wie es scheint ist er auch sehr verliebt; [...]« (Rom, 16. Januar 1840.) Und an anderer Stelle, etwas später: »Dieser kleine Bräutigam hat ein *großes* Haus gekauft, das Güntersche am Kupfergraben mit dem hübschen Garten [...]« (Rom, 23. April 1840.)
Gustav Magnus war 1840 nicht nur ein bereits anerkann-

ter Dozent der Naturwissenschaften an der Berliner Universität, er wurde im selben Jahr auch Mitglied der Akademie der Wissenschaften und wünschte sich offenbar, nun auch einen Hausstand und eine Familie zu gründen. Das Haus am Kupfergraben sollte der gesellschaftlichen Etablierung des Gelehrten dienen. Dafür war – und ist – es, aufgrund von Lage und Erscheinung, tatsächlich sehr geeignet. Das Güntersche Haus – ohne H, wie der Bruder schreibt – gehörte damals dem ›Vice-Ober-Bau-Direktor‹ der Oberbaudeputation August Adolf Günther und seiner Frau. Günther war in dieser Funktion direkter Nachfolger Karl Friedrich Schinkels. Die Familie Günther zog 1840 nach Unter den Linden um, und Gustav Magnus erwarb ihr altes Haus mit seiner Frau Bertha Humblot. Sein erster Bewohner war der Kriegsrat Johann Friedrich Westphal gewesen, mit dem der Bau des Hauses 1755 in Verbindung gebracht wird. Von dessen Erben hatte es die Familie Günther erworben. Auf diese folgten also die Magnus an dritter Stelle.

Das Magnus-Haus trägt alle Merkmale eines barocken Wohnhauses. Es ist eines der wenigen erhaltenen Beispiele aus friderizianischer Zeit in Berlin, ein Schmuckstück, an dessen Bauweise und Anlage das gehobene bürgerliche Wohnen des ausgehenden 18. Jahrhunderts abzulesen ist. Das Gebäude hat die Zeitläufte im Äußeren fast unversehrt überstanden, während seine Innenräume, je nach Bewohner und Benutzer, verändert wurden. Charakteristisch ist die Erschließung des Hauses über die mittlere der neun Achsen des Hauptgebäudes an der Straßenfront, mit Freitreppe außen und imposantem, erhaltenem Treppenhaus innen. Die Raumfluchten nach Osten und Westen öffnen sich ohne Flur durch eine Enfilade. In derselben Weise sind die Räume des West- und Südflügels angelegt. Schön und in Berlin noch kaum zu sehen sind die feinen, außen aufschlagenden

Fenster, die die Fassade subtil gliedern und die Innenräume bei aufdrückendem Wind schützend abdichten. Es ist ein der Aufklärung verpflichtetes, den menschlichen Maßen angepaßtes, kultiviertes Wohnhaus. Bescheiden liegt es heute zwischen den mächtigen hauptstädtischen Repräsentationsbauten, den dominierenden Museumsbauten, der Universität, dem Dom. Das große Tor zur Bauhofstraße führt auf den großen grünen Hinterhof mit der Remise; als das Palais gebaut wurde und noch lange danach, stand es fast allein. In Sichtweite und einiger Entfernung befanden sich damals das Stadtschloß und das Prinz-Heinrich-Palais Unter den Linden, welches 1809 zum Hauptgebäude der Universität wurde. Dieses und das Magnus-Haus haben gemein, daß sie vom Architekten Georg Friedrich Boumann nach Vorentwürfen von Knobelsdorff errichtet wurden, dem Architekten des nahen Opernhauses Unter den Linden und des Forum Fridericianum.

Gustav Magnus verstarb im Jahre 1870. Sieben Jahre konnte er das Laboratorium noch nutzen, das man ihm 1863 endlich im Ostflügel der Universität eingerichtet hatte. Und was wurde nach seinem Tod aus dem Magnus-Haus? Das Berliner Adreßbuch verzeichnet noch bis ins Jahr 1911 als Eigentümerin die Witwe von Gustav Magnus: »Magnus B vw Geh Reg Rat«. Im folgenden Jahr heißt der neue Eigentümer Max Reinhardt, Regisseur und Theaterleiter. Er lebte hier mit seiner Familie, zu der auch der Bruder Edmund und die Eltern gehörten, seine Schwestern Adele und seine außereheliche Tochter Jenny mit Familie. Am Kupfergraben wohnte er in der Nähe seines 1901 gegründeten Kabaretts ›Schall und Rauch‹ mit festem Sitz Unter den Linden und des Deutschen Theaters, einer weiteren Wirkungsstätte des großen Theatermannes, der über sein neues Domizil am Kupfergraben schrieb: »Es gibt viele prunkvolle Treppen, aber diese ist die schönste, bequemste,

behaglichste, lustigste Gelegenheit, irgendwo hinaufzusteigen, von allen, die mir in der Welt unter die Füße gekommen sind. Das Licht, das tagtäglich durch die alten, breiten Fenster die Stufen hinaufsteigt, kann ich nie mehr in meinem Leben vergessen.«[63]
Max Reinhardt zog 1921, zehn Jahre später, aus dem Haus am Kupfergraben wieder aus. Er verließ das Haus aus familiären Gründen: Die Ehe mit der Schauspielerin Else Heims, mit der er zwei Söhne hatte, ging in die Brüche, Reinhardt hatte eine Beziehung mit einer anderen Schauspielerin, Helene Thimig, begonnen, die er wie schon ihre Vorgängerin am Deutschen Theater kennengelernt hatte. Thimig war Reinhardts engste Mitarbeiterin und spielte unter seiner Regie, 1935 heiratete das Paar während eines Gastspiels in den USA. Bis er Deutschland 1933 verließ, lebte Max Reinhardt in einer Wohnung im Schloß Bellevue. Die Reinhardts waren die letzten Nutzer des Hauses, die es auch bewohnt hatten. Seit 1994 erinnert eine zweite Gedenktafel neben seinem Eingang an Max Reinhardt.

Ins Haus Am Kupfergraben 7 zogen Institute der nahen Universität ein. So zum Beispiel nach 1933 das Institut für Politische Pädagogik unter der Leitung von Alfred Baeumler, der dort Vorlesungen über die »wissenschaftlichen Grundlagen der neuen Staatserziehung« hielt. Die Neugründung dieses Instituts war eine Antwort der damals noch Friedrich-Wilhelms-Universität genannten Alma mater, der heutigen Humboldt-Universität, auf den Regierungswechsel. Nach dem Zweiten Weltkrieg besetzte die Sowjetarmee das Gebäude. 1945 dienten die Kellerräume dem Geheimdienst NKWD vorübergehend als Gefängnis. 1958, anläßlich des 100. Geburtstags von Max Planck, übergab der Ostberliner Oberbürgermeister Friedrich Ebert das Haus der Physikalischen Gesellschaft der DDR, die damit eine Fortsetzung seiner Nutzung im naturwissenschaftlichen Sinne erlangt hatte. Das Haus wurde gleichzeitig nach Max Planck benannt, dessen Bibliothek sich im Magnus-Haus befand und der die ruhmreiche wissenschaftliche Tradition der Gesellschaft über die Nazi-Diktatur hinüberzuretten versuchte. Andere wissenschaftliche Gesellschaften waren fortan Untermieter, die Biophysikalische Gesellschaft zum Beispiel, auch das Ministerium für Außenhandel und der Städtetag. Nach dem Fall der Mauer wurde das Magnus-Haus durch eine Spende der Siemens AG gründlich saniert. Die Tradition des Hauses legte nahe, daß sich in seinen Mauern die beiden Physikalischen Gesellschaften Ost und West zur Deutschen Physikalischen Gesellschaft zusammenschlossen. Populärster Mieter seit jener Nachwendezeit ist gewiß Altbundespräsident Richard von Weizsäcker, der dort ein Büro unterhält. Wenn das Haus Am Kupfergraben 7 nach dieser bewegten Geschichte heute nach Gustav Magnus heißt, so ist das ein positives Zeichen: Gustav Magnus steht für eine fast vergessene Epoche deutscher Geschichte, in der christliche und jüdische Wissenschaft friedlich und fruchtbar zusammenwirkten.

Es ist nur ein kurzer Weg vom Magnus-Haus hin zur Humboldt-Universität, zwischen denen es längst keine Sichtachse mehr gibt. Man überquert die Dorotheenstraße, vorbei am äußerlich immer noch maroden, an einen italienischen Palazzo erinnerndes Verwaltungsgebäude der Universität. An der Ecke zur in einem Winkel auf die Linden zuführenden Straße Am Zeughaus, Adresse: Am Kupfergraben 10, steht seit 2007 das Ausstellungshaus des Kunstsammlers Heiner Bastian. Es stammt vom Architekten David Chipperfield, der auch das gegenüberliegende Neue Museum von Friedrich August Stüler wiederhergestellt hat – ein gelungener städtebaulicher Brückenschlag über den Kupfergraben. Im Neuen Museum ist neuerdings wieder einer der begehrtesten Kunstschätze zu sehen, den die Stadt zu bieten hat, die Nofretete. Der in Berlin gebürtige Baumwoll-Kaufmann James Simon (1851-1932) finanzierte zu Beginn des 20. Jahrhunderts mehrere Forschungsexpeditionen ins alte Babylon und nach El Amarna. Von einer dieser Expeditionen, die 1913 stattfand, brachten die Archäologen neben vielen anderen Schätzen auch die Nofretete nach Berlin. Der Liebhaber der Antike, Simon, betätigte sich auch auf anderen Gebieten als Mäzen, so war er mit einer sehr großzügigen Spende an der Gründung der Kaiser-Wilhelm-Gesellschaft – 1945 in Max-Planck-Gesellschaft umbenannt – beteiligt. Die 1911 dank der finanziellen Unterstützung mehrerer jüdischer Unternehmer ins Leben gerufene Gesellschaft nahm Sitz im nahen Stadtschloß, Portal III. Das Kaiser-Wilhelm-Institut für Physik der Universität ebenso wie zahlreiche andere wissenschaftliche Forschungsinstitute gingen aus ihr hervor. Zwischen 1930 und 1937 war ihr Direktor der Physiker und Nobelpreisträger Max Planck, der versuchte, die Gesellschaft von ideologischen Einflüssen freizuhalten, doch Einlassungen mit den neuen Machthabern waren auf dieser Position wohl kaum zu vermeiden. James Simon starb 1932 achtzigjährig und erlebte den Terror nicht mehr. Die Gräber von James Simon und Gustav Magnus findet man beide auf dem Jüdischen Friedhof an der Schönhauser Allee. Am Kupfergraben plant David Chipperfield für das Jahr 2013 die James-Simon-Galerie als neues Eingangsgebäude für das Neue Museum. So sind die Namen der beiden verdienstreichen Männer, Magnus und Simon, in der Berliner Stadtlandschaft nochmals miteinander verbunden.

In der Straße Am Zeughaus liegt ein weiteres Museum: Das Deutsche Historische Museum im alten 1706 von An-

Vor dem Eingang des Hauptgebäudes der Humboldt-Universität lassen sich auf Büchertischen Raritäten finden

dreas Schlüter erbauten Zeughaus betritt man seit 2003 durch den gläsernen Trichter des amerikanisch-chinesischen Architekten Ieoh Ming Pei – oder geht gleich weiter durch das Kastanienwäldchen zwischen Maxim-Gorki-Theater und Schinkelscher Neuer Wache zum Hauptgebäude der Humboldt-Universität, Unter den Linden 6. Das Haus, in dem Gustav Magnus lehrte, der den Grundstein für den Ruhm der Berliner Physik gelegt hatte, erlebte viele große Dozenten und Professoren, unter denen Albert Einstein wohl zu den schillerndsten Persönlichkeiten in der Nachfolge Gustav Magnus' gehörte. Einstein war eine geradezu populäre Erscheinung, eine Kultfigur des Berliner Hochschulbetriebs wie auch gesellschaftlichen Lebens geworden, seit man ihm am 9. November 1921 den Nobelpreis für Physik verliehen hatte. Nicht nur Studenten, nein, auch ganz unakademische Berliner strömten aus schierer Sensa-

tionslust in die Universität, um Einstein zu sehen und zu hören, wovon Joseph Roth am 22. Juni 1922 in der *Frankfurter Zeitung* berichtet:
»... man erfährt auf Umwegen bei Studenten, daß Einstein jeden Dienstag von 5.00 bis 7.00 Uhr nachmittags im Hörsaal 122 liest. [Dort] finde ich Kabarett-Publikum. Gleich in der 2. Reihe rechts quillt eine ältere Dame über die Bank, von ganz spezifischem Gewicht sozusagen. Rückwärts sitzen junge Mädchen der Filmstarindustrie, auf den berühmten Kollegen aus der Relativitätsbranche wartend; ein paar Herren, charakterisierte Zivilleutnants, wie aus dem Aufnahmeatelier gekommen, wo sie im ›Fridericus Rex‹ militärische Chargenrollen gespielt hatten; Fremde, von der Besichtigung des Kaiser-Friedrich-Museums bei Einstein eingekehrt. Die Fremden bestehen zum größeren Teil aus Frauen, englischsprechenden und in echte Valuta-Kleidung gehüllten, zum geringen Teil sind es dem Kurfürstendamm Entströmte, dem Ghetto der Kriegsgewinnler. Die Frauen, Lorgnon-bewehrt und mit ellenlangen Reiterhandschuhen, die oben in beabsichtigte Fransen gehen. Dieses Publikum saß da, wohl an die 300 Köpfe groß, während Einstein in einer fremden Sprache redete. Das Publikum begann ungeduldig zu werden. Die jungen Mädchen tuschelten. Die quellende Dame in der zweiten Reihe komprimierte sich sichtbar. Von den Gesichtern der Frauen fielen die Lorgnons herab wie geknickte Stempel. Schließlich sagte Einstein: ›Wir wollen jetzt fünf Minuten Pause machen, damit diejenigen, die es nicht interessiert, fortgehen können.‹ Als ich nach der Pause in den Saal trat, zählte ich – acht Hörer.«[64]
Die lebende Legende Einstein fühlte sich nach eigenen Worten »angegafft wie ein Pfingstochse«. Im benachbarten Gebäude, Unter den Linden 8, an der Fassade der Staatsbibliothek, erinnert eine Albert Einstein gewidmete Gedenktafel des Künstlers Heinz Rodewald an den Physiker.

Albert Einstein wurde im Jahr 1913 zum Mitglied der Preußischen Akademie der Wissenschaften ernannt. Mit koketter Bescheidenheit bedankte er sich: »Wenn ich daran denke, daß mir jeder Arbeitstag die Schwäche meines Denkens darthut, kann ich die hohe, mir zugedachte Auszeichnung nur mit einer gewissen Bangigkeit hinnehmen.«[65]

Einstein, fünfunddreißigjährig, traf im April 1914 in Berlin ein. »Die Akademie erinnert in ihrem Habitus ganz an irgendeine Fakultät. Es scheint, daß die meisten Mitglieder sich darauf beschränken, eine gewisse pfauenhafte Grandezza *schriftlich* zur Schau zu tragen.«[66] Dennoch lebte er sich im Haus Unter den Linden ein: »Nur ein gewisser Drill in Bezug auf Kleider etc., dem ich mich auf Befehl einiger Onkel unterziehen muß, um nicht dem Auswurf der hiesigen Menschheit zugezählt zu werden, stört etwas die Gemütsruhe.«[67]

Am 1. Oktober wurde Albert Einstein zum Direktor des Kaiser-Wilhelm-Instituts für Physik ernannt. Der Neubau für Einstein in der Dahlemer Thielallee war seinerzeit jedoch noch gar nicht fertiggestellt, so daß die Forschungen – dies eine Parallele zu Magnus – zunächst in Einsteins Privatwohnung stattfanden, in der Haberlandstraße 5 im Bezirk Schöneberg und nahe dem Bayerischen Platz, einer gutbürgerlichen, jüdisch geprägten Wohngegend, die im Volksmund auch ›jüdische Schweiz‹ genannt wurde. Das Haus wurde im Krieg durch Bomben zerstört. Vor dem Neubau erinnert ein Gedenkstein an den Physiker. Lohnender ist die Fahrt nach Caputh: Am Schwielowsee im Südwesten Berlins ist Einsteins berühmtes Sommerhaus zu besichtigen.

Der Physiker war bald ein gefragter Gast in der Berliner Gesellschaft. Die Strecke zwischen der Universität und dem Pariser Platz 7, wo Max Liebermann wohnte, war bis zur Zerstörung im Zweiten Weltkrieg zu beiden Seiten gesäumt von Cafés und Geschäften. Die Bebauung des Boulevards Unter den Linden stammte vornehmlich aus dem 19. Jahrhundert. Nur wenige dieser Häuser sind übriggeblieben, auf der südlichen Straßenseite etwa das Geschäftshaus mit der Nummer 4a zwischen einem Gebäude des Deutschen Bundestages und der Russischen Botschaft, zu der es heute gehört. Zu Einsteins Berliner Zeiten war es das Haus der Juweliere Herz und Strauß, ihre unmittelbaren Nachbarn waren das Preußische Ministerium für Wissenschaft, Kunst und Volksbildung sowie das Bristol-Hotel. Liebermanns Stadtvilla neben dem Brandenburger Tor hatte der Vater des Malers, der Baumwollfabrikant Louis Liebermann, 1857 erworben. Das Haus entwickelte sich zu einem Treffpunkt von Koryphäen aus Kunst und Wissenschaft, Max und Martha Liebermann empfingen ihre Gäste sozusagen an einem Logenplatz der Geschichte. Hier hatte noch Theodor Fontane Modell für den Maler gesessen, nun war Einstein ein häufiger Gast; Liebermanns Porträt des Physikers befindet sich in Privatbesitz. Das im Krieg zerstörte Haus des Malers wurde 1998 von Josef Paul Kleihues in Anlehnung an den alten Entwurf von Friedrich August Stüler wieder errichtet. Die Preußische Akademie der Künste, deren Präsident der Maler seit 1920 war, komplettierte als letztes Gebäude mit einem Neubau an alter Stelle die Bebauung am Pariser Platz, der fast ein halbes Jahrhundert lang als Brache an der innerstädtischen Grenze gelegen hatte. Die Bauflucht der Linden, die Albert Einstein kennenlernte, wenn er Liebermann in seiner Stadtvilla besuchte, kann man am Hausvogteiplatz 3-4 als Stadtmodell der ›Stiftung Stadtschloß‹ besichtigen.

Einstein trat während seiner Berliner Jahre nicht nur als Geiger bei einem Benefizkonzert in der Neuen Synagoge in der Oranienburger Straße in Erscheinung, er engagierte sich auch für studierwillige, aber mittellose Einwanderer aus dem Osten, denen er gebührenfreie Universitätskurse anbot. Der Physiker, der an die zionistische Idee glaubte und nicht an die, wie er fand, zuweilen an Selbstverleugnung grenzende Assimilation, machte sich stark für eine hebräische Universität in Palästina als künftiges geistiges Zentrum der jüdischen Diaspora. Gemeinsam mit Chaim Weizmann, dem späteren ersten Staatspräsidenten Israels, sammelte er Spenden für die medizinische Fakultät der geplanten Hochschule. Doch schon damals warnte Einstein vor einer Staatsgründung auf Kosten der Palästinenser, die zum Keim für ewigen Unfrieden werden könne. Der prominente Einstein erfreute sich zwar großer Beliebtheit, löste jedoch auch Kontroversen aus, antisemitische Drohschriften blieben nicht aus. Klabund persiflierte die Einstein-Gegner in einem fiktiven Monolog: »Was, Sie schwören noch auf Einstein? Auf die Relativitätstheorie? Junge, Junge: daß Sie aber auch immer eine Viertelstunde zu spät kommen! Einstein: Is nicht mehr. Das wäre ja gelacht, von wegen Brechung der Sonnenstrahlen! Mensch, sind Sie doof! Lassen Sie sich mal schleunigst Ihr Weltbild und Ihren abgetragenen Cheviotsakko wenden. Der Relativismus hat abgewirtschaftet. Wir haben die absolute Wahrheit mit Löffeln gefressen. Merken Sie nicht? Der Absolutismus bricht an.«[68]

Einstein hielt sich bereits in den USA auf, als er am 20. März 1933 seinen Austritt aus der Akademie der Wissenschaften bekanntgab. Heute kann man Albert Einstein an den gutsortierten Bücherständen vor dem Hauptgebäude der Humboldt-Universität als Pop-Ikone kaufen, der auf Plakaten seine herausgestreckte Zunge zeigt. Der Nobelpreisträger, der schon 1932 einen Ruf nach Princeton erhalten hatte, wo ihn sogar Post erreichte, die lediglich mit der Adresse ›Albert Einstein, USA‹ versehen war, kehrte nicht mehr nach Berlin zurück.

Bertolt Brecht schrieb unter dem Titel *Physiker* 1935:
»Es kommen die Herren Gelehrten
Mit falschen Teutonenbärten und furchterfülltem Blick,
Sie lehren nicht eine richtige, sondern eine arisch
gesichtige
Genehmigte deutsche Physik.«[69]

Gegenüber von Universität und Staatsbibliothek, auf dem Bebelplatz, am Forum Fridericianum, wurden bald nach Hitlers Machtantritt rund 20 000 Bücher verbrannt. Von der Oranienburger Straße her bahnte sich am 10. Mai 1933 ein Fackelzug den Weg, vorbei am Haus Max Liebermanns neben dem Brandenburger Tor; es waren fanatisierte Studenten, die die vielen Bücher, darunter Schriften der großen jüdischen Gelehrten, in einen Haufen Asche verwandelten. Noch aus DDR-Zeiten erinnert eine Gedenktafel an der Bibliothek an dieses Geschehen, als eine ›ewige Mahnung, wachsam zu sein gegen Imperialismus und Krieg‹. Eindrucksvoller ist eine Installation, die man entdeckt, wenn man zu Boden blickt. Unter dem Pflaster des Bebelplatzes, sichtbar durch eine Glasplatte, befindet sich ein unzugänglicher, fünf Meter tiefer Raum mit leeren, weißen Bücherregalen. Die am 20. März 1995 eingeweihte Installation ›Die versunkene Bibliothek‹ stammt wiederum von dem israelischen Künstler Micha Ullman, der die Spiegelung des Himmels in der begehbaren Glasplatte intendiert hat, »denn nach der Verbrennung ist nur der Geist der Bücher geblieben, die sich im Himmel treffen, der sich wiederum im Glas spiegelt«[70].

Die Magnus-Schüler aus dem Kreise der Physikalischen Gesellschaft führen zu weiteren Adressen in Berlin, die der Stadt als Metropole der Wissenschaften Ehre machen. Hermann von Helmholtz hatte im Frühjahr 1846 das wohl

wichtigste Instrument bei der Augenuntersuchung erfunden, den Augenspiegel zur Bestimmung des Augenhintergrundes. »Aus den zwei Zimmern in der Behrenstraße 22 wird die weltberühmte ›Graefesche Augen-Klinik‹ in der Karlstraße 46, gegenüber der Charité. [...] Damals hatten junge, hochbegabte Physiker, Chemiker und Mediziner sich zur ›Berliner Physikalischen Gesellschaft‹ zusammengetan. Sie hatten erkannt, daß ihre Fachgebiete so eng miteinander verzahnt waren wie das komplizierte Getriebe einer Maschine. Sie wollten ihre Gedanken austauschen. Jeder sollte immer gleich wissen, was der andere entdeckt hatte.«[71] Ein früher Fall von Interdisziplinarität. Die Medizin profitierte unmittelbar von den Erfindungen der Physiker.
Die Karlstraße bei der Charité wird man nicht finden. Es ist die heutige Reinhardtstraße, die man erreicht, wenn man die Linden verläßt und vom Pariser Platz aus der Luisenstraße nach Norden folgt, vorbei am ARD-Hauptstadtstudio, über die Spree hinüber und unter der S-Bahn-Brükke hindurch, auf der die Gleise der Stadtbahn verlaufen. Ein Blick nach rechts in die Marienstraße mit ihrer geschlossenen Bausubstanz aus vierstöckigen Wohnhäusern gibt einen repräsentativen Eindruck vom Berlin nach der Stadterweiterung um 1830. Die nächste Querstraße ist die Reinhardtstraße mit dem Karlplatz, den man sogleich am Rudolf-Virchow-Denkmal erkennt und an den Pappeln, die dort stehen. Bertolt Brecht hat »ihr freundlich Grün« in einem Gedicht verewigt, das man hier zur Gänze auf einer Tafel lesen kann. Am Haus Reinhardtstraße 46, gleich neben dem Restaurant Kanzler-Eck, dessen opulente Karte zu Lieblingsgerichten von Adenauer bis Merkel einlädt, erinnert eine Gedenktafel an die 1850 gegründete Graefesche Augen-Klinik, und in der nach Norden weiterführenden Luisenstraße steht ein Denkmal des berühmten Ophthalmologen Albrecht von Graefe, das leider ein

wenig wie ein Grabmonument aussieht. Unweit davon, in der Reinhardtstraße 34, am ›Haus der freien Berufe‹, erinnert eine weitere Bronzetafel an seinen jüdischen Berufskollegen, den Augenarzt Julius Hirschberg, der das Haus 1908 für seine eigene Augenklinik errichten ließ. Rund um die Charité hatten sich um die Jahrhundertwende vermehrt Arztpraxen und Privatkliniken wie die seine angesiedelt. Der Parcours durch die Luisen- führt weiter in die Schumannstraße, wo im denkmalgeschützten Haus mit der Nummer 18, heute ein geschickt modernisiertes Bürogebäude, der jüdische Gynäkologe Paul Ferdinand Straßmann in seinem Neubau von 1909 – die klassizistische Bebauung, die für die Gegend immer noch typisch ist, mußte dem Jugendstil-Bau weichen – seine Privat-Frauenklinik inklusive Unterrichtsräume unterhielt und mit seiner Familie auch wohnte.

Jüdischen Medizinern, somit auch den vielen Ärzten, die in der Charité oder in ihrer unmittelbaren Umgebung selbständig praktizierten, wurde im Frühjahr 1933 die kassenärztliche Zulassung entzogen. In Gerhard Jaeckels Geschichte der Charité ist zu lesen: »An den Toren der Charité nehmen SA-Trupps zu Beginn des Sommersemesters allen jüdischen Studenten die Ausweise ab. Doch immer noch sehen die Professoren keinen Grund zur Besorgnis, fühlen sich sicher im Elfenbeinturm der Wissenschaft. [...] Daß viele dieser Doktoren Levy oder Cohn, Rosenberg oder Freudenthal heißen, hat doch bisher niemanden gestört.«[72] Die Charité erlitt einen Aderlaß. Daß keiner der nichtjüdischen Kollegen protestierte oder mit Rücktritt gedroht hatte, ist kein Ruhmesblatt in der Geschichte des ehrwürdigen Krankenhauses, das 1710 von Friedrich dem Großen als Pest- und Seuchenhaus gegründet wurde. Manch ein Karrierist mag sich gefreut haben darüber, daß für ihn nun eine Stelle

Die Installation ›Inventar‹ von Thorsten Goldberg auf dem Charité-Gelände erinnert an die verschwundenen Büsten vieler jüdischer Ärzte

frei wurde, wie Lion Feuchtwanger es in einer Szene seines Romans *Die Geschwister Oppermann* schildert: Der renommierte Facharzt, Spezialist in Sachen Anästhesie der Luftwege, Edgar Oppermann, muß seinen Posten noch zur Stunde verlassen. Ihm folgt ein drittklassiger Nachfolger. Manche Abteilungen der Charité verloren damals zwei Drittel der ärztlichen Belegschaft.

Direkt vor der Kantine der Charité auf dem weitläufigen Gelände auf der Westseite der Luisenstraße wurde 1995 eine Bronzeskulptur der Bildhauerin Susanne Wehland enthüllt, zur Erinnerung an Preußens erste Medizinprofessorin Rahel Hirsch (1870-1953), die zwischen 1913 und 1919 an der Charité tätig war. Ein Spaziergang durch den Krankenhausgarten lohnt sich nicht nur wegen der vielen Häuser aus unterschiedlichen Epochen, die sich wie eine Stadt in der Stadt bis zur S-Bahn-Trasse ausbreiten, sondern auch wegen der anderen Skulpturen und Büsten renommierter Mediziner, die hier stehen. Es waren jedoch einmal einige mehr: In der NS-Zeit wurden Büsten eingelagert, die sogenannten ›Juden-Büsten‹ wurden eingeschmolzen und nie wieder ersetzt. Nun gibt es das Projekt ›Inventar‹ des Künstlers Thorsten Goldberg: Noch vorhandene und eingelagerte Büsten werden nach und nach wieder restauriert und aufgestellt. Für die verschwundenen Büsten ist am Virchowweg ein kleiner Platanenwald entstanden: Jeder Baum wird von einer Metallschiene eingefaßt, die jeweils den Namen eines jüdischen Mediziners trägt. Ein lebendiger Baum dient als Platzhalter für das abwesende Denkmal von Johannes Orth, Ludwig Traube oder Carl Westphal, um nur drei der zahlreichen verdienten jüdischen Charité-Ärzte zu nennen.

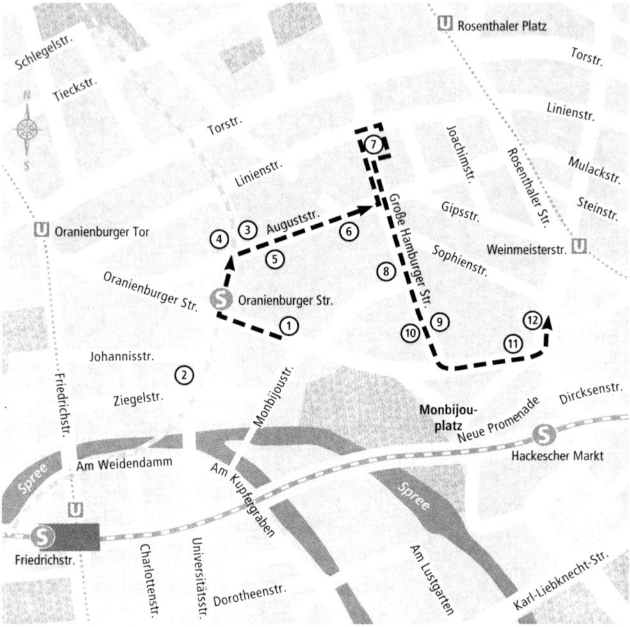

1 Neue Synagoge, Centrum Judaicum – 2 Tucholskystraße 9, ehem. Hochschule für die Wissenschaft des Judentums – 3 Beth-Café – 4 Kolbo – 5 Auguststraße 11-16, ehem. Schule und Kinderheim AHAWAH – 6 Clärchens Ballhaus – 7 ›Der verlassene Raum‹ – 8 St. Hedwig-Krankenhaus – 9 Alter jüd. Friedhof und ehem. Knabenschule – 10 ›The Missing House‹ – 11 Oranienburger Straße 7, altes jüd. Krankenhaus – 12 Anne-Frank-Zentrum, Gedenkstätte ›Stille Helden‹ und Museum Blindenwerkstatt Otto Weidt

6 Jüdisches Leben an der Oranienburger Straße

Von der Neuen Synagoge zum Hackeschen Markt

»Na, daß es interessant ist, die Gegend, das alte Berlin, mit dem Friedhof, der Kirche, dem Krankenhaus, alles zusammen, wenn man alles mal aufschreiben könnte, was hier war, was die Leute erzählen, das dachte sie damals und sieht sich vor fremden Türen stehn, klingeln, Treppen hochsteigen, runter und schreiben, sortieren, in dem Café verschwinden zum Aufwärmen. Dann kommen Manne und Eva und andere Leute, dann wird es lebendig, lebendiger als woanders, das wolln wir mal festhalten, das ist die Wahrheit, und als sie das erste Mal in dieser Straße stand, dachte sie: Hier ist es schön.«[73]

IRINA LIEBMANN

Die große goldene Kuppel der Neuen Synagoge ist aus dem Stadtbild der Berliner Mitte nicht mehr wegzudenken. Mit fünfzig Metern Höhe ragt sie über die Dächer der umliegenden Häuser in der Oranienburger Straße; kaum mehr kann man sich vorstellen, daß sie für Jahrzehnte nicht nur aus dem Großstadtpanorama, sondern auch aus dem öffentlichen Leben verschwunden war. Die Neue Synagoge ist der Ausgangspunkt für einen Spaziergang durch Straßenzüge, in denen verschiedene jüdische Institutionen dicht beieinanderliegen, Ämter und Einrichtungen sozialer Fürsorge, Krankenhäuser und Heime, Schulen und andere Bildungseinrichtungen. In der Oranienburger Straße 30 befindet sich seit dem 8. Mai 1995 – auf den Tag genau fünfzig Jahre nach Kriegsende – das Centrum Judaicum. Viele Generationen von Berliner Juden haben seit der Errichtung

des Tempels hier gebetet, den Talmud studiert und religiöse Feste gefeiert.
Als in der Nacht vom 9. November 1938 überall in Deutschland die Synagogen brannten, trieb ein – wie bei Heinz Knobloch nachzulesen – »beherzter Reviervorsteher« namens Wilhelm Krützfeld die SA-Leute, die bereits in den Eingangsräumen Feuer gelegt hatten, in die Flucht, indem er sich auf den kaiserlichen Denkmalschutz berief, unter dem die Neue Synagoge stand. Sie wurde am 22. November 1943 während eines Luftangriffs vollständig in Schutt und Asche gelegt. Und fünfzehn Jahre später wurde der Hauptteil des Hauses gesprengt – angeblich bestand höchste Einsturzgefahr. Eine Gedenktafel wurde 1966 an der stehen gebliebenen Fassade des Gebäudes angebracht. »Diese Synagoge ist 100 Jahre alt und wurde am 9. November 1938 IN DER KRISTALLNACHT von den Nazis in Brand gesteckt. Während des II. Weltkrieges 1939-1945 wurde sie im Jahre 1943 durch Bombenangriff zerstört. Die Vorderfront dieses Gotteshauses soll für alle Zeiten eine Stätte der Mahnung und der Erinnerung bleiben. VERGESST ES NIE. Jüdische Gemeinde von Berlin. Der Vorstand.«

Warum wurde gerade die Oranienburger Straße zu einer Ader jüdischen Lebens? Hier ließen sich die aus Wien vertriebenen Juden nieder, denen der Große Kurfürst 1671 das Bleiberecht zugesprochen hatte. Das Jahr 1671 gilt auch als offizielles Gründungsdatum der Berliner Jüdischen Gemeinde. Zu jener Zeit war diese Gegend der Spandauer Vorstadt noch von Ackerflächen geprägt, die durch Unterteilung in Parzellen und königliche Schenkung an Hofbedienstete zu Bauland wurden. Nach und nach entstanden hier Wohnhäuser, aber erst im 19. Jahrhundert kam es zu einer großstädtischen Verdichtung in der expandierenden Industriestadt Berlin. Die Heckmann-Höfe links von der

Synagoge sind ein gutes Beispiel für die in der Mitte des 19. Jahrhunderts hier entstandenen Anlagen, eine Mischung aus Wohnungen und Handwerksbetrieben. Als am 5. September 1866 die Einweihung der Neuen Synagoge in der Oranienburger Straße 30 stattfand, die rund dreitausend Personen Platz bot, war dies ein Symbol für das gewachsene Selbstbewußtsein der Jüdischen Gemeinde zu Berlin. Rabbiner Joseph Aub leitete den Festakt, im Beisein von Otto von Bismarck, dem damaligen preußischen Ministerpräsidenten. Es handelte sich namentlich um die Neue Synagoge, denn es gab bereits ein Bethaus in Mitte, in der Heidereutergasse 4, ein 1714 errichteter Saalbau, der fortan zur ›Alten Synagoge‹ wurde. Er überdauerte wegen seiner geschützten Lage inmitten von Häusern zwar die Pogrome der Nazi-Zeit, wurde jedoch bei einem Luftangriff 1943 zerstört. Heute findet sich an gleicher Stelle, im Schatten gewaltiger Plattenbauten und auf der Rückseite der S-Bahn-Station Hackescher Markt, ein bereits zu DDR-Zeiten von der Künstlerin Ingeborg Hunzinger errichtetes Denkmal; eine Partie des Gebäudegrundrisses ist sichtbar gemacht worden. Die benachbarte, heute ebenso versteckt liegende Rosenstraße kam zu besonderen Ehren durch den gleichnamigen Film von Margarethe von Trotta aus dem Jahr 2003. Er handelt von jenen nichtjüdischen Frauen, die dort vor dem Gebäude der Sozialverwaltung der Jüdischen Gemeinde gegen die Deportation ihrer jüdischen Angehörigen demonstrierten – mit Erfolg: Ihre gefangengenommenen Ehemänner und Kinder wurden am 6. März 1943 wieder freigelassen.

Die Neue Synagoge wurde von Carl Eduard Knoblauch entworfen, der bereits die Synagoge in der Heidereutergasse 1856 umgebaut hatte, ist aber auch das Werk Friedrich August Stülers, der den während der Bauarbeiten zwischen 1859 und 1866 erkrankten Architekten vertrat. Synagogen sind traditionell nach Osten ausgerichtet, doch das war auf dem Grundstück innerhalb einer Häuserzeile der Oranienburger Straße nicht möglich. Die Neue Synagoge entsprach auch in anderer Hinsicht nicht den orthodoxen Vorgaben für einen Synagogenbau. Weibliche Gemeindemitglieder sollten nicht mehr hinter einer Trennwand sitzen, sondern auf der Empore, gemischte Chöre und Orgel in den Gottestdienst eingeführt werden, der auch noch in deutscher Sprache abgehalten werden sollte, alles, was zuvor kaum denkbar gewesen war. Die Neue Synagoge war also sowohl architektonisch als auch konfessionell liberal. »In diesem Viertel trafen sich die dekorativen großen Bauten, Schlösser, Museen – man konnte gar nicht umhin, dort auch eine ungeheuer repräsentative Synagoge hinzustellen, mit einer riesigen goldenen Kuppel«, schreibt Gad Beck in den Erinnerungen an seine Berliner Jugend. Doch die neue prächtige Reformsynagoge wurde nur von den wohlhabenderen Juden des westlichen Teils der Spandauer Vorstadt besucht. »Die richtigen Juden des Scheunenviertels besuchten kaum die Synagoge in der Oranienburger. Sie hatten ihre Betstübchen und die Synagoge in der Heidereuter Gasse. Die Oranienburger entsprach überhaupt nicht ihren Vorstellungen von Gebet, paßte den Juden des Ostens, den Scheunenvierteljuden, gar nicht.«[74] Weil die neuen Freiheiten beim Gottesdienst einem noch größeren Teil der Berliner Judenschaft nicht gefiel, kam es zur Gründung von ›Adass Jisroel‹ – Gemeinde Israels –, einem Zusammenschluß der Ausgetretenen, die unweit der Neuen Synagoge, in der Gipsstraße 12a, ein eigenes Gemeindezentrum errichteten, welches 1873 eingeweiht wurde. Die Orthodoxen bestanden als privater Religionsverein neben der offiziellen Gemeinde und kämpften lange um die Anerkennung als gleichberechtigte Glaubensgemeinschaft.

Ein steter Besucher der Synagoge ist der Schriftsteller und

Religionshistoriker Gershom Scholem (1897-1982) gewesen, der als Junge und junger Mann, als er sich noch Gerhard nannte, mit seinen Eltern und Geschwistern in Mitte wohnte, bis 1906 an der Friedrichsgracht 28, dann Neue Grünstraße 26 unmittelbar am Zeitungsviertel, wo der Vater Arthur Scholem eine Druckerei besaß – beide Häuser sind kriegszerstört. Als Heranwachsender begann Gershom Scholem, der eigentlich aus einer assimilierten Familie stammte, »regelmäßig in die Berliner Synagogen zu gehen, vor allem zum Freitagabend-Gottesdienst, der auch in den sogenannten liberalen Synagogen, wo der Gottesdienst unter Orgelbegleitung stattfand, damals noch fast ausschließlich auf hebräisch. Die Unterschiede zwischen dem liberalen und dem konservativen Ritus bestanden, neben unwesentlichen Kürzungen und der Orgelmusik, vor allem in der Streichung aller Stellen, an denen von der Rückführung Israels ins Heilige Land die Rede war und deren Ersetzung durch ›allgemein menschliche‹ Beteuerungen. Da ich die Texte der Gebete schnell verstehen lernte und die Orgelmusik zur Liturgie mir auch keineswegs mißfiel, machte mir der Synagogenbesuch Eindruck und Vergnügen.«[75] Sein Interesse am Zionismus entwickelte der junge Gershom Scholem gerade durch die kontroversen Ansichten innerhalb der Berliner Judenschaft. Scholem verkehrte regelmäßig in einem Kreis, der sich ›Jung Juda‹ nannte und wo er 1913 Walter Benjamin als Redner hörte, mit dem er sich zu Studienbeginn befreundete, 1915, als er sich in Mathematik und Philosophie an der Berliner Universität einschrieb. Von der Freundschaft beider Männer zeugt ihr Briefwechsel, der erst mit Benjamins Tod im September 1940 abbricht.

Gershom Scholem, seit je begeisterter Leser, versorgte sich in den zahlreichen Antiquariaten in Mitte »für ein Spottgeld« mit Büchern, bei Heinrich Süßenguth in der Oranienburger Straße 65 oder bei Louis Lamm in der Neuen Fried-

Das ehemalige Postfuhramt in der Oranienburger Straße mit der Galerie C/O Berlin ist ein beliebter Ort für Freunde der Photographie geworden

richstraße 61-62 – bei seiner Auswanderung nach Palästina 1923 mußten auch die zweitausend Bände mit, auf die seine Bibliothek inzwischen angewachsen war.[76] Scholem besuchte auch die Bibliothek neben der Neuen Synagoge, die, wie der Schriftsteller Günter Kunert noch 1981 unter dem Titel ›Oranienburger Straße 28‹ in *Ziellose Umtriebe* schreibt, »über ein halbes Menschenleben hin zu bestehen aufgehört« hatte.[77] »Nicht immer sind historisch wichtige Häuser auch architektonisch wesentlich. Jenes mit der Nummer 28 in der Oranienburger Straße in Berlin-Mitte versteckt seine Bedeutung hinter einer annähernd neoklassizistischen Fassade aus dunkelrötlichem Backstein, um nicht aufzufallen, und das gelingt ihm auch. Eine Reproduktion von 1860 zeigt es mit zwei Stockwerken – wann und wie der dritte und vierte dazukamen und ihm die stadtübliche Normalhöhe verliehen, weiß niemand mehr. Von seinen beiden Nachbarn ist der linke während eines Luftangriffes abgebrannt, ausgebrannt [...]. Die einstige, mit einem Bestand von sechzigtausend Bänden, dazugehörigen Magazinen und Leseräumen, vereinte die oberen Stockwerke beider Gebäude und schloß sie zusammen: Zwillinge, von denen wie gesagt einer, und zwar Nummer 29, fast restlos abhanden kam. Ihrer beider Mutter, so ließe sich jedenfalls metaphorisch fortfahren, befindet sich zwar noch an alter Stelle, aber seit vierzig Jahren auch das nur noch als Leichnam: die Synagoge Oranienburger Straße 30.«[78]
Nicht bloß eine Bibliothek hat es an dieser Stelle schon einmal gegeben, sondern auch ein Jüdisches Museum, »Spuren der Ausrottung haben sich indirekt erhalten; wie die farbkräftigere Stelle einer Tapete vom vormaligen Vorhandensein eines Bildes Kunde gibt, so existieren für den schärferen Blick Markierungen, Lücken, auf die nur noch der Kontext hinweist: Zu diesem gehört ganz gewiß das Haus in der Oranienburger Straße und in diesem wieder-

um nicht allein die Bibliothek, sondern ebenso der Dachboden, ein Raum, der nicht erst seit Kafkas Beschreibung im ›Prozeß‹ eine ungewöhnliche Faszination auf Besucher ausübt: In dem von Nummer 28 weht eine ganz besondere Luft, liegt ungestört der Staub einer Vergangenheit, den man gar nicht oft genug aufwirbeln kann. Hier oben befindet man sich gleich nach dem Eintritt inmitten eines dichten Waldes von schmalen Gitterleisten aus massivem Blech, aus denen Fächer wie Kästen entfernt sind: Das Gesamtarchiv der deutschen Juden war hier. War und ist gewesen: nur Vergangenheitsformen bieten sich zur Beschreibung an für das Jüdische Museum (hervorgegangen aus der Kunstsammlung der Gemeinde), dem zum Beispiel Max Liebermann noch 1933 ein Selbstporträt stiftete: alles verweht.«[79]

Die Sammlung für ein Jüdisches Museum in der Oranienburger Straße 31 war seit dem Jahr 1917 aufgebaut worden, es eröffnete noch im Jahr 1933 und wurde 1938 so gut wie ganz zerstört. Das neue Jüdische Museum des Architekten Daniel Libeskind in der Kreuzberger Lindenstraße, das 2001 eröffnet wurde und dessen Baukörper einen geborstenen Davidsstern symbolisieren soll, hat die Nachfolge dieser Idee angetreten. Und im Centrum Judaicum in der Oranienburger Straße, unter der großen Goldkuppel, befindet sich die Dauerausstellung ›Tuet auf die Pforten‹ mit Zeugnissen jüdischen Lebens. Der Blick aus dem Fenster fällt auf einen Schotterplatz, auf dem eine alte Ziegelmauer zu sehen ist, die Grundrisse der nicht mehr existierenden Gebäudeteile und eine Marmorplatte. Ihre Inschrift führt zurück zu Moses Mendelssohn, an dessen verschwundenem Haus in der Spandauer Straße sie einmal angebracht war: »In diesem Hause lebte und wirkte Unsterbliches Moses Mendelssohn. Geb: in Dessau 1792. Gest: in Berlin 1786.«

Wendet man sich aus dem Centrum Judaicum kommend nach rechts, trifft man nach wenigen Metern auf die Tucholskystraße, die bis 1951 Artilleriestraße hieß und eine Drehscheibe jüdischen Lebens war. Wirft man einen Blick in den Teil der Tucholskystraße auf der südlichen Seite der Oranienburger Straße zur Spree hin, so entdeckt man am Haus mit der Nummer 9 (früher Artilleriestraße 14) eine Tafel, die an die ›Hochschule für die Wissenschaft des Judentums‹ erinnert, die hier einmal war: »Alle Studierenden, ohne Unterschied des Glaubens, des Geschlechts und der Fakultät, können als Hörer zugelassen werden«, so lautete die liberale Satzung der 1869 gegründeten Institution, die 1907 in dem Haus mit dem jüdische Weisheit symbolisierenden Löwenkopf über dem Eingang ihren Sitz bezog. Hier wurden Rabbiner ebenso ausgebildet wie einfach an theologischen Fragen Interessierte. Noch bis 1942 bestand die Lehranstalt als eines der letzten Refugien jüdischer Wissenschaft in Nazi-Deutschland. Es klingt paradox, aber nach 1933 kam es zunächst zu einem sprunghaften Anstieg der Zahl jüdischer Organisationen. Weil die Juden aus dem öffentlichen Leben ausgeschlossen wurden, gab es keinen anderen Weg, als sich in eigener Sache zusammenzutun. Bis zuletzt lehrte an der Hochschule für die Wissenschaft des Judentums noch als einziger verbliebener Professor Leo Baeck die Fächer Religionsgeschichte, Judaistik und Pädagogik – ganze zwölf Studenten hatte er da noch. Leo Baeck überlebte das KZ Theresienstadt. Er emigrierte 1945 nach London, wo er das Leo Baeck Institute gründete, die wohl wichtigste Institution zur Erforschung der Geschichte des Judentums. »Für uns Juden aus Deutschland ist eine Geschichtsepoche zu Ende gegangen«, resümierte er. Das Leo Baeck Haus in der Tucholskystraße 9 ist seit 1999 Sitz des Zentralrats der Juden in Deutschland.

Um den Spaziergang fortzusetzen, folgen wir jedoch der

Tucholskystraße in ihrer nördlichen Richtung. In der 40, ein paar Schritte hinter der Kreuzung mit der Auguststraße, werden im Beth Café, dem Restaurant von Adass Jisroel, koschere Speisen angeboten: Chumus und Falafel, Bagel, Gefilte Fisch, Matzeknödel, dazu koschere Weine und koscheres Bier. Direkt an der Kreuzung, Auguststraße 77, führt auch das ›Kolbo‹ koschere Lebensmittel. Die Auguststraße, der man nach rechts folgt, besticht ihre Besucher durch jede Menge Galerien rund um das Ausstellungshaus ›Kunstwerke‹ in der 69, einer alten Margarinefabrik. Eine Attraktion ist der populäre alte Tanzsaal ›Clärchens Ballhaus‹, den man beim Weitergehen rechter Hand findet. Zu Beginn des 20. Jahrhunderts war das beherrschende Thema in der Auguststraße noch ein anderes: »Das Viertel«, berichtet Gad Beck, »war voll mit Schulen, Große Hamburger, Auguststraße, zwei sogar. AHAWAH und nebenan die Mädchenschule. Jüdische Kinder haben Temperament. Diese Kinder stießen jeden Morgen, jeden Mittag in diesem Viertel zu Tausenden zusammen.«[80] In der Tat, gleich mehrere nebeneinander liegende Grundstücke in der Auguststraße waren – und sind es wieder – im Besitz der jüdischen Gemeinde: Das schöne expressionistische rote Klinkergebäude in der Auguststraße 11-13 wurde 1930 als jüdische Mädchen-Volksschule eingeweiht; gleich nebenan, in der 14-16, befand sich in einem Hof das 1861 eingeweihte jüdische Krankenhaus inklusive eines Apothekengebäudes, erbaut nach Plänen von Carl Eduard Knoblauch, der schon die Synagoge in der Oranienburger Straße entworfen hatte. 1920 wurde das Krankenhaus zu klein, es fehlte Platz für Erweiterungsbauten, und das Jüdische Krankenhaus befand sich seit 1920 in einem Neubau im Stadtteil Wedding. In das leere Gebäude in der Auguststraße zog die AHAWAH – das ist die hebräische Vokabel für Liebe. Unter diesem Namen firmierte seit 1922 das Kin-

Auf dem Koppenplatz irritiert ein umgekippter Stuhl: die Installation ›Der verlassene Raum‹ mit einem Gedicht von Nelly Sachs

derheim, dem eine Suppenküche für die Bedürftigen angeschlossen war – und bedürftige Menschen, die etwa aus der Gegend um die Mulackstraße hierher kamen, gab es viele. Im Vorderhaus waren auch ein Tagesheim für Säuglinge sowie ein Mädchenwohnheim untergebracht. In der Auguststraße 17 hatte der Jüdische Volksverein seinen Sitz, des weiteren eine Haushaltsschule, ein Arbeiterfürsorgeamt sowie das Büro der Jüdischen Sozialdemokratischen Arbeiterorganisation ›Poale Zion‹ – hier wurden Sprachkurse angeboten und fanden Vorbereitungstreffen für die Auswanderung nach Palästina statt, was besonders nach 1933 zunehmend an Bedeutung und Dringlichkeit gewann. Als Berlin bombardiert wurde, diente die ehemalige Schule als Lazarett, in der DDR war hier die Bertolt-Brecht-Schule untergebracht. Die blinden Fenster und die übereinandergeklebten Schichten von Plakaten an der Fassade der Auguststraße 11-13 künden traurig davon, wie lange hier schon Leerstand herrscht, einmal abgesehen von sporadischen Kunstausstellungen in den Jahren nach der Wende. Seit Oktober 2009 gehört das Gebäude endlich wieder der jüdischen Gemeinde, die Nutzung des ganzen Gebäudekomplexes ist indes weiterhin offen. Noch ist keine Entscheidung darüber getroffen worden, ob hier wieder eine Schule einziehen soll. Ein Konzept sieht ein Mehrreligionenhaus vor.[81]

Geht man auf der Auguststraße weiter, trifft man an der nächsten Kreuzung auf die Große Hamburger Straße. Ein Abstecher nach links führt auf den rechteckigen Koppenplatz. Innerhalb einer Grünanlage irritiert aus der Ferne der Anblick eines umgekippten Stuhls hinter einem Schreibtisch. Beim Näherkommen sieht man: Die Möbelstücke sind aus Bronze. Die Inschrift auf der Bodenplatte, die das Muster eines Fischgrätparketts zeigt, wie in vielen

Berliner Wohnungen üblich, ist ein Gedicht von Nelly Sachs:

»O die Wohnungen des Todes,
Einladend hergerichtet
Für den Wirt des Hauses, der sonst Gast war
O ihr Finger,
Die Eingangsschwelle legend
Wie ein Messer zwischen Leben und Tod
O ihr Schornsteine,
O ihr Finger,
Und Israels Leib im Rauch durch die Luft.«

Nelly Sachs (1891-1970), geborene Berlinerin, hatte 1929 erstmals ein Gedicht veröffentlicht, unter dem Titel *Zur Ruh* erschien es in der *Vossischen Zeitung*. Das Gedicht, das man auf dem Koppenplatz lesen kann, entstand bereits in Schweden, wohin Nelly Sachs mit ihrer Mutter emigrieren konnte. Sie lebte bis zu ihrem Tod in Stockholm, drei Jahre zuvor, 1967, wurde der Dichterin und Nobelpreisträgerin die Ehrenbürgerwürde ihrer Heimatstadt verliehen. Die Bronzeskulptur ›Der verlassene Raum‹ wurde 1996 geschaffen, vom Bildhauer Karl Biedermann, zusammen mit der Landschaftsarchitektin Eva Butzmann.

Nun geht man wieder in die Richtung, aus der man gekommen ist, die Große Hamburger Straße hinunter. Theodor Fontane gab in seinen Jugenderinnerungen ein Bild von ihr. Er wohnte als Sechzehnjähriger mit Onkel und Tante ab Ostern 1835 in einer »elenden Mietskaserne« in der Großen Hamburger Straße. »Lauter gescheiterte Leute hatten hier als Trockenwohner ein billiges Unterkommen gefunden: arme Künstler, noch ärmere Schriftsteller und bankrotte Kaufleute [...]. Wir wohnten Parterre. Das von mir

bezogene Zimmer, das so feucht war, daß das Wasser in langen Rinnen die Wände hinunterlief, lag schon in einem uns von dem alten Judenfriedhof abtrennenden Seitenflügel [...]. Was in diesem letzten Ausläufer des Seitenflügels alles zu Hause war, war mehr interessant als schön.«[82]
Der jüdische Friedhof in der Großen Hamburger Straße war bereits acht Jahre bevor Fontane hier wohnte, geschlossen worden, 1827, denn etwas weiter stadtauswärts an der Schönhauser Allee war in diesem Jahr ein neuer und größerer Friedhof entstanden. Die alten Grabsteine aber blieben stehen, darunter der von Moses Mendelssohn, dem Philosophen und Arzt Marcus Herz oder von Jacob Herz, dem Vater des Komponisten Giacomo Meyerbeer. Erst 1943 zerstörten SS-Leute den Friedhof, gruben die Gebeine der Toten aus und entfernten sie, schütteten auf dem Gelände einen Splittergraben auf. Lediglich Grabsteine an einer angrenzenden Häuserwand sind noch übriggeblieben. 1887 schrieb der Journalist und Schriftsteller Julius Levy alias Rodenberg – heute trotz seiner zahlreichen, flaneurhaften Stadt- und Reisebeschreibungen ein weitgehend Vergessener: »Die tiefe Melancholie des Herbsttages ruht auf dieser stillen Stätte voll aufrecht stehender Steine, mit kahlen Blumen dazwischen und welkem Laub, aufgehäuft über den eingesunkenen Gräbern. Ringsum ist der Friedhof von einer Mauer und von Häusern eingeschlossen, durch den Nebel hinein schaut der hohe Turm der Sophienkirche, und dumpf, mit den Geräuschen aus den umgebenden Gebäuden, mischt sich der Lärm der Stadt.«[83]
Bei den umgebenden Gebäuden, von denen Rodenberg spricht, handelt es sich um die jüdische Knabenschule und das jüdische Altersheim. Die Schule steht noch, erstaunlicherweise blieb sie unversehrt und trägt sogar noch ihren alten Skulpturenschmuck über dem hohen Eingangsportal. Auch die Inschrift ›Knabenschule der Jüdischen Gemeinde‹

Große Hamburger Straße, die Adresse der Jüdischen Knabenschule – heute wird hier im Jüdischen Gymnasium wieder gelernt

ist erhalten geblieben. Heute beherbergt das Gebäude ein allen offenes jüdisches Gymnasium und eine Realschule. An der Fassade erkennt man eine Tafel mit einem Motto von Moses Mendelssohn, nach dem die Schule heute auch benannt ist: »Nach Wahrheit forschen, Schönheit lieben, Gutes wollen, das Beste tun.« Sie ersetzt die Büste des Philosophen, die das Dritte Reich nicht überlebte. Zur Wiedereröffnung der Schule 1993 kam als ihr ehemaliger Schüler und als ein Entkommener der inzwischen siebzigjährige Gad Beck. Von Weißensee fuhr er früher »jeden Morgen hin und erlebte dieses Viertel in der Zeit, also nach 33, es hatte sich erst mal überhaupt nichts geändert«[84]. Erst einmal nicht. Gad Beck mußte später doch miterleben, wie seine Mitschüler einfach ›verschwanden‹. Er selbst überlebte im Untergrund, wanderte 1947 nach Israel aus und kehrte 1979 nach Deutschland zurück. In seinen Erinnerungen schreibt er: »Die Schule war fast bis zuletzt offen. Die Kinder tobten wie immer. Können Sie sich vorstellen, was sich auf diesem kleinen Hof in der Großen Hamburger abspielte, wenn Pause war? Ist nicht zu beschreiben. Und nie ist etwas passiert. Wenn ich von Weißensee mit der Straßenbahn reinfuhr, stiegen sie überall zu. Die Straßenbahn war voll mit Judenkindern.«[85]

Aus den straßenzugewandten Fenstern der Schule in der Großen Hamburger Straße blickten die Schüler auf einen großen, repräsentativen Backsteinbau. Es ist das auf das Jahr 1844 zurückgehende katholische St. Hedwig-Krankenhaus. Ein Jude war es im übrigen, der zu dessen Eröffnung eine Kuh stiftete, ihre Milch sollte zur besseren Versorgung der Kranken beitragen. Gad Becks Eindruck des hilfreichen Miteinanders in diesem dichten Viertel inmitten von Berlin, auch über das Jahr 1933 hinaus, findet sich in den Grundsätzen des Hospitals bestätigt: Die Türen des Hauses standen den Verfolgten im Nazi-Regime offen. Das Gebäude überlebte die Bombenangriffe weitgehend unbeschadet und war nach dem Zweiten Weltkrieg das einzige funktionierende Krankenhaus in der ganzen Stadt.

Nicht mehr vorhanden ist das Gebäude rechts neben der ehemaligen jüdischen Knabenschule. Das ihr benachbarte jüdische Altersheim verwandelte sich 1942 in einen Ort des Grauens: fünfundfünfzigtausend Menschen passierten ihn, er diente als Sammelstelle auf dem Weg in die Vernichtungslager. Heute steht auf dem Platz die bereits 1984 aufgestellte Figurengruppe von Willi Lammert. Der Friedhof wurde 2009 neu gestaltet und eingefaßt, auf dem leeren Platz davor ist das Altersheim als Grundriß nachvollziehbar geworden, indem die Grundmauern aus rotem Backstein freigelegt wurden. Das Altersheim existierte als solches von 1828 an bis ins Jahr 1942. Nach Kriegsende stand es noch, nur leicht von Bomben angegriffen, wurde es dennoch abgerissen. In den siebziger Jahren wurden auch die noch übriggebliebenen Grabsteine auf dem geschändeten

Friedhof entfernt – bis auf den Moses Mendelssohns, der wie ein Mahnmal stehengelassen wurde und sich heute ebenfalls erneuert präsentiert.
Dem gelb gestrichenen Gebäude vis-à-vis des Friedhofs fehlt die Mitte: Die zwei freistehenden Wohnhäuser waren bis zur Kriegszerstörung durch ein nach hinten versetztes Mittelgebäude verbunden, alle drei Gebäude bildeten zusammen einen Hof. Ebenso wie beim jüdischen Altersheim geht es hier darum, Abwesendes sichtbar zu machen. Die Baulücke zwischen den Hausnummern 15 und 16 überrascht nämlich mit einer so klugen wie schlichten Installation, ›The Missing House‹ von Christian Boltanski. Auf den beiden Brandmauern sind seit 1990 jeweils zwölf weiße, schwarz wie mit Trauerrändern eingefaßte Holzschilder angebracht, und auf jedem einzelnen steht der Name eines einstigen Mieters, sein Beruf sowie der Zeitraum, in dem er in dem zerstörten Haus gelebt hat.

Die Große Hamburger Straße mündet wieder auf die Oranienburger Straße. Zum Hackeschen Markt geht es nach links, wo sie sich nach Osten hin verengt, mit vielen Geschäften und Restaurants zu beiden Seiten, in Häusern, die größtenteils auf die frühe Bebauungsphase im 18. Jahrhundert zurückgehen. Dem ockergelben Haus in der Oranienburger Straße 7 gehört dabei ein besonderes Augenmerk, denn in ihm befand sich zwischen 1756 und bis zur Eröffnung des neuen Krankenhauses in der Auguststraße im Jahre 1861 dessen Vorgänger. Die Fassade des Hauses wurde Mitte des 19. Jahrhunderts im klassizistischen Stil erneuert: Es wird als Wohnhaus genutzt. Die Oranienburger Straße mündet auf den Hackeschen Markt, und die Ecke, wo sie auf die Rosenthaler Straße trifft, wird markiert durch die Hackeschen Höfe. Es sind acht an der Zahl, und sie grenzen rückwärtig an den alten Jüdischen Friedhof in der

In der Rosenthaler Straße 39 befinden sich die Räume des Museums Blindenwerkstatt Otto Weidt und die Gedenkstätte ›Stille Helden‹

Großen Hamburger Straße. Hier, wo man in einer Buchhandlung im zweiten Hof reichlich Berlin-Literatur finden kann und die Wahl zwischen mehreren Cafés hat, besteht bis heute die gelungene Mischung aus Wohnen und Gewerbe, die dem Erbauer des Komplexes zu Beginn des Jahrhunderts einmal vorschwebte. Im Saal des Cafés Oxymoron im ersten Hof mit den hohen Decken, Säulen und altmodischen Kanapees fühlt man sich ein wenig in die Zeit zurückversetzt, in der hier 1909 der ›Neue Club‹ gegründet wurde, ein Zusammenschluß rebellischer Künstler und Studenten um den expressionistischen Dichter Hans Davidsohn alias Jakob van Hoddis, an den eine Gedenktafel erinnert. Kommt man aus den Höfen wieder zurück auf die Rosenthaler Straße, wo man im großen Gedränge auf dem Gehweg leicht die Stolpersteine für die gleichnamige Familie Davidsohn auf dem Pflaster vor der Einfahrt übersieht, Vater, Mutter und sechs Kinder, das jüngste der zwei Monate alte Ury, und ebenso ein Schild mit einem Photo der Anne Frank, das vor der Rosenthaler Straße 39 aufgestellt ist. Das Haus gleich angrenzend an die Hackeschen Höfe ist das von einem Verein getragene Haus Schwarzenberg mit ›Café Cinema‹ im Vorderhaus, Künstlerateliers und Kino im Hinterhaus. Das einzige nicht hochglanzsanierte Gebäude in der ganzen Gegend weist im Gemäuer noch Einschußlöcher aus den letzten Tagen des Zweiten Weltkriegs auf und trägt an der Fassade in Großbuchstaben den nicht mehr ganz vollständigen Schriftzug ›Gebr. Majanz-, ... anische, Textilwaren, Ausrüstung‹, eine Wäschefabrik, die es in den zwanziger Jahren hier gab. 1935 wurde das Haus an den jüdischen Rechtsanwalt Dr. Ernst Wachsner übertragen, der einen Mittagstisch für Not leidende Juden betrieb. Seine Spur verliert sich auf einem Transport nach Osten. Und an diesem Ort in der Rosenthaler Straße kann man auch viel lernen und zu begreifen versuchen:

Das Anne-Frank-Zentrum im Hinterhof des Hauses ist ein Berliner Ableger des berühmten Amsterdamer Anne-Frank-Museums. Die ›Gedenkstätte Stille Helden‹ zeigt eine Dauerausstellung über jene Menschen, die den verfolgten Juden halfen, soweit es in ihrer Macht stand – mit Unterschlupf, falschen Papieren oder der rechtzeitigen Warnung vor einer weiteren Razzia. Und links im Hof, im langgestreckten Seitenflügel des Fabrikgebäudes, findet man über einen schmalen Aufgang das Museum Blindenwerkstatt Otto Weidt, wiederum eine Dependance des Jüdischen Museums Berlin. Weidt, der selber stark sehbehinderte Fabrikant, Besitzer einer Bürstenbinderei für Blinde und Taubstumme, gehörte zu den viel zu seltenen Menschen mit Zivilcourage, die das Risiko eingingen, verfolgte Juden bei sich zu beschäftigen und, als es nötig wurde, auch zu verstecken. »Unter Einsatz seines Lebens beschützte Weidt sie und tat alles, um sie vor dem sicheren Tod zu retten«, steht auf der Gedenktafel im Hauseingang. Die Schriftstellerin und Journalistin Inge Deutschkron, geboren 1922, berichtet in ihrer Autobiographie *Ich trug den gelben Stern* von ›Papa Weidt‹; sie erzählt, wie sie zwischen 1941 und 1943 in seiner Werkstatt beschäftigt war, schreibt von anderen furchtlosen Berlinern, die ihr dabei halfen, noch zwei weitere lange Jahre bis zur Kapitulation des Dritten Reichs, untergetaucht in der Großstadt, zu überleben. Inge Deutschkron gründete 1999 den Verein ›Blindes Vertrauen‹ und sorgte für die Erhaltung dieses stillen Ortes inmitten von dichtem Straßenverkehr und Konsum als Denkmal und Museum. Die Räume der Werkstatt von Otto Weidt sind weitgehend in dem Zustand belassen, in dem Inge Deutschkron sie als Zwanzigjährige kennengelernt hatte. Der hinterste, fensterlose Raum in der langen Flucht des Fabrikgebäudes war durch einen Schrank zu betreten, der vor der Tür stand, hinter der sich eine ganze Familie verborgen hielt.

So viel man auch auf Papier lesen kann über die Schicksale jüdischer Menschen in jener Zeit – erst die Begegnung mit Dokumenten und authentischen Orten wie der Werkstatt des Otto Weidt macht das ganze Ausmaß des Schreckens wirklich greifbar.

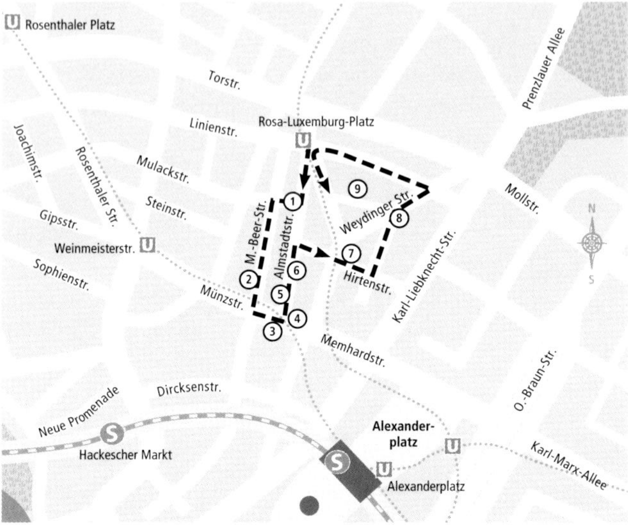

1 Schendelgasse – 2 Ehem. jüd. Volksheim – 3 Münz-Apotheke, ehem. Biograph-Theater – 4 Litfaß-Denkmal – 5 Ehem. Restaurant Leo Löwenherz und ›Theater des Centrums‹ – 6 Verschiedene Betstuben – 7 Kino Babylon – 8 Karl-Liebknecht-Haus – 9 Volksbühne

7 Das Scheunenviertel

Rund um die Volksbühne am Rosa-Luxemburg-Platz

»Man sah die Juden in der Dragonerstraße und Grenadierstraße, die standen so herum und immer machten sie Geschäfte, und man sah nie, was für welche sie machten. Man nannte das ganze dann auch Luftgeschäfte und Luftmenschen.«[86]

Gad Beck

Tritt man aus dem nördlichen Ausgang des U-Bahnhofs Rosa-Luxemburg-Platz, entdeckt man zur Linken den massigen Baukörper der Volksbühne. Seit 1913 erhebt sich das monumentale Gebäude auf dem großzügigen Platz. Es steht mitten auf dem Gebiet des ehemaligen Scheunenviertels, genau auf dem Grund und Boden, wo Füsillier-, Amalien- und Koblankstraße verliefen, die spurlos verschwunden sind. Das Scheunenviertel, dessen Name so zugkräftig zu sein scheint, daß er in ganz Berlin-Mitte gern als Etikett verwendet wird, erstreckte sich tatsächlich über ein recht überschaubares Gebiet in der sogenannten Spandauer Vorstadt von Berlin, zwischen Alter Schönhauser Straße, Lothringer- (heute Tor-) und Münzstraße und Prenzlauer Allee. Der Name des Scheunenviertels geht zurück auf die ländlichen Verhältnisse, die im 17. Jahrhundert hier herrschten. In dieser Zeit befand sich auf dem Alexanderplatz ein Viehmarkt, und die Anhäufung großer Mengen von Stroh und Heu innerhalb der Stadtmauern stellte eine Gefahr dar – ein Feuer hätte hier verheerende Auswirkungen gehabt. Also hatte Friedrich Wilhelm, der Große Kurfürst, 1672 aus Brandschutzgründen siebenundzwanzig Scheunen jenseits der damaligen Stadtmauer – sie verlief nördlich der heutigen Dircksenstraße entlang der heutigen S-Bahn-Trasse – errichten lassen, dort, wo sich Wiesen und Weiden erstreckten und die Landarbeiter wohnten. Als die Scheunen abgerissen wurden und man an ihrer Stelle Häuser baute, hielt sich der alte Name. 1737 ordnete Friedrich Wilhelm I. an, daß alle Berliner Juden, die kein eigenes Haus besaßen, ins Scheunenviertel zu ziehen hätten. Dieses Gesetz, ebenso wie die Bestimmung, daß Juden die Stadt ausschließlich durch das nahegelegene Rosenthaler Tor betreten durften, führten dazu, daß in der Spandauer Vorstadt ein Viertel mit starken jüdischen Kultureinflüssen entstand. Hier blieben die armen Einwanderer aus dem Osten, etwa mittellose Russen, die zu Beginn des 20. Jahrhunderts auf der Flucht vor Pogromen und nach der gescheiterten Revolution von 1905 ihre Heimat verließen und gen Westen gingen. Viele von ihnen waren als Gastarbeiter sogar angeworben worden, viele wollten noch weiter und blieben auf dem Weg nach Amerika und in die Neue Welt dauerhaft hier hängen. Joseph Roth, der sich die Frage stellte, welcher Ostjude freiwillig nach Berlin gehe, gab sogleich selbst die Antwort: »Berlin ist eine Durchgangsstation, in der man aus zwingenden Gründen länger verweilt. Berlin hat kein Getto (sic). Es hat ein jüdisches Viertel. Hierher kommen die Emigranten, die über Hamburg und Amsterdam nach Amerika wollen. Hier bleiben sie oft stecken. Sie haben nicht genug Geld. Oder ihre Papiere sind nicht in Ordnung. [...] Von den alteingesessenen Berliner Ostjuden sind die meisten noch vor dem Kriege gekommen. Verwandte sind ihnen nachgereist. Flüchtlinge aus den okkupierten Gebieten kamen nach Berlin. Juden, die in Rußland, in der Ukraine, in Polen, in Litauen der deutschen Okkupationsarmee Dienste geleistet hatten, mußten mit der deutschen Armee nach Deutschland. Es gibt auch ostjüdische Verbrecher in

Berlin. Taschendiebe, Heiratsschwindler, Betrüger, Banknotenfälscher, Inflationsschieber. Fast keine Einbrecher. Keine Mörder, keine Raubmörder. [...] Der Handel mit alten Kleidern ist nicht verboten, aber er ist auch nicht geduldet. Wer keinen Gewerbeschein besitzt, darf meine alte Hose nicht kaufen. Er darf sie auch nicht verkaufen.«[87]
Das Verbot schien allerdings nicht viel zu nützen: Carl Zuckmayer führte den *Hauptmann von Köpenick* geradewegs in die Grenadierstraße, in ›Krakauers Kleiderladen‹, »ein dumpfes, fensterloses Lokal, mit Kleidungsstücken aller Art vollgestopft«, wo sich seine schillernde Figur Wilhelm Voigt die Hauptmannsuniform für den großen Auftritt besorgt.

Auf der Suche nach der Antwort auf die Frage, was vom alten Scheunenviertel eigentlich übriggeblieben ist, läßt man die Volksbühne zunächst links liegen und geht die rechter Hand liegende Almstadtstraße in Richtung Münzstraße hinunter. Zusammen mit der parallel zu ihr verlaufenden Max-Beer-Straße stellt sie das dar, was vom Scheunenviertel übriggeblieben ist. Die Bebauung beider Straßen stammt zumeist aus dem 19. Jahrhundert. Die Max-Beer-Straße hieß bis zu ihrer Umbenennung am 31. Mai 1951 Dragonerstraße, die Almstadtstraße Grenadierstraße und noch weiter davor, bis zum Jahr 1817, Verlorene Straße. Bernhard Almstadt war ein Kommunist und Widerstandskämpfer, der 1944 hingerichtet wurde, Max (eigentlich Moses) Beer war ein jüdischer Publizist, der 1934 nach London emigrieren konnte. Nach wenigen Metern auf der Almstadtstraße geht rechts die kleine Schendelgasse ab. Sie bildete den Eingang zum Scheunenviertel von Westen her. Heute steht das einzige alte Haus, das nach dem Zweiten Weltkrieg von ihr geblieben ist, an der Ecke zur Almstadtstraße. Die Kacheln im nobel gestylten Secondhandladen ›Superstore‹, wo es

Vintage-Klamotten und auch Mittagstisch gibt, sind heute restauriert und stammen von 1925, aus der Fleischerei von Josef Süßmann und Samuel Krieger, die auch Eigentümer des Hauses Grenadierstraße 7 (heute Almstadtstraße 43) waren. Hier befand sich auch die Bäckerei von Salomon Goldfarb, der seinen Laden unter die Aufsicht der Koscherkommission der jüdischen Gemeinde gestellt hatte. 1942 hielten sich die jüdischen Eigentümer des Hauses im Ausland auf, wie das Berliner Adreßbuch verrät, 1943 taucht dann nur noch der Name eines Verwalters mit Namen Rogge auf, die Bäckerei ist nicht mehr vorhanden. Der erzwungene Eigentümer- und Mieterwechsel, der mit dem Jahr 1933 in den Häusern des Scheunenviertels – und nicht nur hier – begann, läßt sich genau nachverfolgen, nimmt man sich die Zeit, die Berliner Adreßbücher jener Jahre zu studieren, in denen neben den Namen auch die Berufe der Bewohner verzeichnet sind.[88]

Die kurze Schendelgasse ist schnell überblickt. Rechts ein paar Plattenbauten, links eine Brache, wo auf einem Bauschild die ›Schendelpark Apartments‹ angekündigt werden, Luxuswohnungen in Top-Lage. An der Alten Schönhauser Straße, wo einmal die ›Destille Heinrich Drews‹ und eine Druckerei den Eingang der Gasse flankierten, steht heute auf der einen Ecke ein gesichtsloser Neubau, breitet sich auf der anderen Seite eine Grünfläche mit Kinderspielplatz aus. Hält man sich von der Schendelgasse aus nun links, kommt man in die Max-Beer Straße, auf der rechten Seite geht man über altes Berliner Pflaster, jene großen glatten Gehwegplatten aus Granit, die im 19. Jahrhundert überall in der Innenstadt gelegt wurden. Wenn die Türen zum Hinterhof offenstehen, sollte man einen Blick hineinwerfen. Mit sehr viel Glück findet man in den wenigen noch nicht sanierten Häusern noch Spuren des alten Scheunenviertels, hebräische Schriftzeichen unter abblätterndem Farbanstrich, verblaßte Inschriften. Die Max-Beer-Straße ist genauso wie die Almstadtstraße eine ruhige Wohnstraße, aber die niedrigen Türen, die in die Kellergeschosse führen, erinnern noch daran, daß sich hinter ihnen lauter Geschäfte befanden, nicht nur Textilien, auch Leder en gros, Geflügel, Spazierstöcke, Blumen, Kohlen – kaum ein größerer Kontrast zur heutigen Beschaulichkeit könnte das emsige Treiben in dieser Straße sein, das die alten Schwarzweißbilder zeigen. Und in den Hinterhöfen, die oft durch schmale Gänge verbunden waren, ging der Handel in Remisen weiter. Das vierstöckige, hellgelb gestrichene Haus mit der Nummer 5 (früher 22) auf der rechten Seite war die Adresse des Jüdischen Volksheims. Es wurde 1916 mit einer Rede des Schriftstellers und Pazifisten Gustav Landauer eröffnet. An diesem Ort fanden Veranstaltungen statt, in denen verschiedene Referenten die Ursprünge des Judentums darlegten. Gershom Scholem erinnert sich: »Die ostjüdischen Kinder, deren sich vor allem die Gruppe der Helferinnen annahm, waren an den Abenden natürlich dort nicht zu sehen. Sie waren bei ihren Eltern. Aber abends trafen sich dort die Helfer und Helferinnen mit Freunden der Sache zu Vorträgen und Aussprachen. Die Freunde der Sache – das waren vor allem einige der in Berlin studierenden oder schon arbeitenden, zum Teil sehr eindrucksvollen Mitglieder der russisch-jüdischen Intelligenz.« Unter ihnen befand sich eine knapp dreißigjährige wortgewandte Frau namens Gertrude Welkanoz, die eine besondere Faszination auf ihre Zuhörer ausgeübt haben muß. »Als ich zum ersten Mal ins Volksheim kam«, schreibt Scholem, »bot sich mir ein seltsames Bild. Die Helfer und Besucher saßen auf den Stühlen; am Boden höchst malerisch um Gertrude, die Röcke hochästhetisch drapiert, saßen die jungen Mädchen, unter denen [...] Franz Kafkas Braut Felice Bauer war.« Gelesen wurde etwa aus Franz Werfels Büchern, aber Scholem »war schok-

Die ehemalige Grenadierstraße – heute Almstadtstraße – ist literarischer Schauplatz bei Alfred Döblin, Martin Beradt und Carl Zuckmayer

kiert. Was mich umgab, war eine Atmosphäre ästhetischer Ekstase.«[89] Franz Kafka, der sich immer wieder in Berlin aufhielt, um seine Dauerverlobte zu treffen und die lange währende Fernbeziehung am Ende doch aufzulösen, besuchte selber das Volksheim, in dem sein Freund Max Brod Vorträge hielt. Das Volksheim scheiterte allerdings schon 1929 wieder an der ideologischen Verbissenheit, mit der die zionistischen Ideale verkündet wurden, die einen jüdischen Nationalstaat in Palästina befürworteten. Wie überrascht war Gershom Scholem, als er fünfzig Jahre später in den Briefen Kafkas an Felice Bauer lesen konnte, daß Kafka seine Kritik an einem nicht näher benannten, so streng-orthodoxen wie verquasten Vortrag über den Chassidismus teilte, den er dort einmal gehört hatte, und er »immer zu Vorschlägen wie denen des Hr. Scholem« tendiere. Scholem hatte vorgeschlagen, den Kindern erst einmal das Hebräische beizubringen, statt sie mit schwierigen theoretischen Auslegungen des Judentums und des Talmuds zu traktieren.

Am Ende der Max-Beer-Straße trifft man auf die geschäftige Münzstraße, in der sich heute noble Läden mit Designerkleidung und Café-Bars aneinanderreihen. Die Ecken der Kreuzung (südlich der Münzstraße ist die Fortsetzung der Max-Beer-Straße die Rochstraße) werden markiert von einem gläsernen Neubau, einem Plattenbau, einem großen Bürogebäude aus dem Jahre 1910 und einem weißen Wohn- und Geschäftshaus aus der Zeit um die Jahrhundertwende. Diese Gegend nördlich des Alexanderplatzes war zu Beginn des 20. Jahrhunderts als Vergnügungsviertel bekannt, und die Grenzen zwischen Amüsierlokal und Lasterhöhle waren fließend. »Im Scheunenviertel kriegte man immer schon schneller eins aufs Maul als im übrigen Berlin«, so Charlotte von Mahlsdorf alias Lothar Berfelde in ihrer Autobiographie. »Huren und ihre ›Beschützer‹ schlürften in den Kneipen – fast alle ohne Konzession – ihre Bouillon gemeinsam mit Bürgern und Arbeitern aus der Nachbarschaft.«[90] Und Günter Kunert: »Von der bunten und lauten, grell beleuchteten Münzstraße ist ein bewegter Eindruck zurückgeblieben: Gestalten, vor denen sich wahrscheinlich nicht nur Kinder ängstigten, belebten die Straße, krasses Auftreten, Torkeln und Geschrei, Menschengeschiebe, vorbei an engen Kneipen, aus denen Bierdunst und Speisegeruch über die Passanten herfiel, Kramläden und Kinos, und dazwischen drängte sich unaufhörlich klingelnd die Straßenbahn durch den Verkehr, in dem Pferdewagen, Handwagen, Karren und Motordreiräder gleichberechtigt mitzogen.«[91] Das Arbeitslosenelend, das in dieser Gegend besonders groß war, ließ sich am besten mit Alkohol oder einem Kinofilm verdrängen. Auf Schritt und Tritt traf man in dieser Ecke auf Lichtspielhäuser. Hält man sich links, entdeckt man auf der anderen Seite der Münzstraße die Münz-Apotheke. In diesem Gebäude befand sich seit 1899 im Erdgeschoß das Biograph-Theater mit Vorstellungen tagsüber, und im ersten Stock darüber konnte man in einem Speiselokal der Gemeinde Adass Jisroel, ›Bergers Wiener Restaurant‹, günstig essen. Das berüchtigte Lokal ›Münzglocke‹ befand sich an der Ecke Münz- und Almstadtstraße, dort, wo sich heute das Café Oliv großer Beliebtheit erfreut. Franz Biberkopf aus Alfred Döblins – bis 1933 50000mal verkauftem – Roman *Berlin Alexanderplatz* verkehrt genau in dieser Gegend: »Links in der Münzstraße blinkten Schilder, die Kinos waren. An der Ecke kam er nicht durch, die Menschen standen an einem Zaun, da ging es tief runter, die Schienen der Elektrischen liefen auf Bohlen frei in der Luft, eben fuhr langsam eine Elektrische rüber. Sieh mal an, die bauen Untergrundbahn, muß doch Arbeit geben in Berlin.«[92]

Bevor man beim Café Oliv in die Almstadtstraße einbiegt, entdeckt man an der anderen Ecke der Almstadtstraße, vor der Münzstraße 4, eine Litfaßsäule aus Bronze. Genau an dieser Stelle hatte der Drucker Ernst Litfaß 1855 seine erste sogenannte Annonciersäule aufgestellt. Am 18. Mai 2006 wurde ihm zu Ehren hier die Bronzesäule, gestaltet von der Berliner Bildhauerin Felicitas Franck, postiert. Am Erkervorsprung der Almstadtstraße 5 findet man ein interessantes Detail, Holzschnitzereien, die an Theatermasken erinnern. Die Fenster im ersten Stockwerk rahmen ebenfalls schaurig-schöne Maskengesichter. Schaut man durch die Fensterscheiben des Ladens im Erdgeschoß, entdeckt man dort ein Schönheitsinstitut. Die holzgeschnitzten Maskengesichter verweisen auf eine andere Geschichte: Zu den Einwanderern, die zunächst in der Almstadtstraße (also der einstigen Grenadierstraße) Fuß faßten, zählte auch der aus dem Dorf Werbiwizi in der Ukraine stammende sechzehnjährige Bäckerlehrling Alexander Granach (1890-1945). Er kam 1905 auf dem Schlesischen Bahnhof an und fand sogleich Arbeit bei Scholem Grünbaum, einem

In der Münzstraße, wo heute die Münz-Apotheke ist, konnte man in den Zwanzigern rund um die Uhr Filme sehen und koscher essen

Bäcker in der Grenadierstraße. »Plötzlich war ich mitten in Berlin in einer Gegend wie Lemberg. Lothringer Straße, Schönhauser Tor stieg ich aus. [...] Viele Läden, Restaurants, Eier-, Butter-, Milchgeschäfte, Bäckereien mit der Aufschrift ›koscher‹. Juden gingen umher, gekleidet wie in Galizien, Rumänien und Rußland.«[93] Doch Bäcker, das war nicht Granachs Traumberuf, er wollte Schauspieler werden. Auch dafür bot sich die Gegend als Sprungbrett an. In der Grenadierstraße 24, heute Almstadtstraße 5, befand sich das Restaurant von Leo Löwenthal, an das die Bühne des jiddischen ›Theater des Centrums‹ angeschlossen war, eines von mehreren kleinen Theatern im Scheunenviertel, wo Granach wahrscheinlich seine ersten Auftritte hatte. Granach wurde von Max Reinhardt entdeckt, und so konnte er später an den großen Bühnen der Stadt auftreten, dem Deutschen Theater sowie dem Schillertheater, dem Theater am Nollendorfplatz und auch an der

Volksbühne. In seinen Erinnerungen *Da geht ein Mensch – Roman eines Lebens* kann man lesen, daß er mit Stars wie Marlene Dietrich, Gustaf Gründgens, Asta Nielsen oder Heinrich George spielte. Granach emigrierte 1938 in die USA, wo er auch in Hollywood erfolgreich war.
Als die Almstadt- noch Grenadierstraße hieß, befanden sich hier die meisten Betstuben des Viertels, in denen unterschiedliche religiöse Ausrichtungen des jüdischen Glaubens gepflegt wurden. Rechter Hand in der heutigen 10 war eine der größten Betstuben der Straße, die 16 beherbergte chassidische Gebetsräume und eine Thora-Schule, weitere Betstuben waren in der 18 – ein bemerkenswerter Bau von 1845 mit fliederfarbener Fassade und hohen Fenstern –, in der 26 und der 28 – an ihrer Stelle ist heute nur noch Plattenbau zu sehen. Da die meisten dieser Betstuben sich in Hinterhäusern befanden, blieben sie, anders als die exponierten Synagogen der Stadt, im Dritten Reich noch relativ lange von Übergriffen verschont. In der 10 befand sich auch die Buchhandlung Lewy, bis ins Jahr 1940 ist sie in den Adreßbüchern verzeichnet – 1941 findet man darin nur noch den Name von ›Frau R. Sara Levin‹. Ein Jahr später ist auch dieser Eintrag gelöscht. Gegenüber, die heutige 9-11, trägt ein Ornament in Gestalt eines Weinfasses, es ist das schmucke, 1902 im Jugendstil errichtete Fabrikgebäude der Essig- und Senffabrik Heinn – ein Blick in den Fabrikhof mit dem Türmchen lohnt sich. Während deren Eigentümer offenbar nichts zu befürchten hatte, verliert sich die Spur des Fischgroßhändlers Babran Anfang der vierziger Jahre. Die Adreßbücher, so nüchtern sie sind, künden von lauter Einzelschicksalen und sind darin so eindrücklich wie die Stolpersteine, von denen es im Pflaster des Scheunenviertels erstaunlich wenige gibt. Als *Die Straße der kleinen Ewigkeit* ist die Grenadierstraße Schauplatz des gleichnamigen Romans von Martin Beradt, einem Juri-

sten und Autor, der 1949 im New Yorker Exil verstarb. Der Roman handelt von Frajim Feingold, der wie viele seiner Landsleute aus seiner polnischen Heimat hierher kommt. Erst 1965 gab Martin Beradts Witwe das Buch des heute weitgehend vergessenen Autors zur Publikation frei.

Biegt man nun rechts in die Hirtenstraße ein, so kommt man direkt auf den ockergelben Babylon-Block zu, der sich mit seinen gerundeten Ecken wie ein großes Schiff auf den Rosa-Luxemburg-Platz schiebt. Das auf das Jahr 1928 zurückgehende Kino Babylon, das er birgt, war 1945 zwar erhalten und wurde in der DDR auch genutzt, wurde 1993 jedoch wegen Einsturzgefahr geschlossen. In den Jahren 1999 und 2000 wurde es restauriert und weitgehend wieder in seinen Originalzustand gebracht. Im Mai 2001 fand die Wiedereröffnung des großen Saals statt. Auch die Kinoorgel wurde wieder instand gesetzt und mit der Aufführung von Paul Wegeners Film von 1920, *Der Golem, wie er in die Welt kam*, eingeweiht. Hans Poelzig, der Architekt des Kinos, hatte sich mit der Bühnenarchitektur und Ausstattung dieses Stummfilms auch als expressionistischer Bühnenausstatter einen Namen gemacht.

Der Babylon-Block gehört zu jener großstädtischen Wohnbebauung auf dem Gebiet des alten Scheunenviertels, die ab dem Jahr 1929 errichtet wurde – das alte Scheunenviertel ist nämlich nicht erst durch die Bombardements des Zweiten Weltkriegs vernichtet worden. Der Abriß des Scheunenviertels war schon länger, nämlich bereits im Jahre 1890 ins Auge gefaßt worden, als man mit den ersten Planungen zur Umgestaltung der übel beleumundeten Gegend begonnen hatte. Tatsächlich aber begann der Abriß des Scheunenviertels erst 1906. Heinrich Zille hielt das Geschehen mit seiner Kamera fest: Was sich dem Betrachter auf seinen Photos zeigt, sieht nach erbarmungsloser Kahlschlagsanierung aus. Das unübersichtliche Straßengewirr

Auf dem Gelände des abgerissenen Scheunenviertels entstanden ab 1925 Wohnbauten von Hans Poelzig, darin das Kino Babylon

sollte gänzlich ›niedergelegt‹ werden (heute würde man gleichermaßen euphemistisch von ›Rückbau‹ sprechen), um damit einen Schandfleck mitten in der Stadt zu beseitigen, denn in diesem unübersichtlichen Gebiet mitten im Zentrum der Stadt vermutete man Prostitution und Kleinkriminalität. Franz Hessel drängte seine Leser zur Eile, wollten sie eine untergehende Welt noch einmal besichtigen, »denn das Scheunenviertel mit seinen vielen Gassen zwischen Alexanderplatz und Bülowplatz, das dieses Wahlghetto birgt, ist im Begriff, vom Erdboden zu verschwinden. [...] Schon erheben sich die neuen Häuserblöcke und überragen die Reste, die langsam Ruine werden.«[94] Als erster Neubau entstand 1913 die Volksbühne auf dem freien Platz, der damals noch Bülowplatz hieß. »Der Bülowplatz trägt die pompöse ›Volksbühne‹; umringt ist er von wüsten Lagerplätzen für Alteisen, Schienen.«[95] Der mittlere Leuchtbuchstabe des Schriftzugs BABYLON in großen Lettern über dem Eingang des Kinos spiegelt den Grundriß der neuen Straßen wider, die sich in den 1920er Jahren über das alte Scheunenviertel gelegt haben.

Doch durch den Ausbruch des Ersten Weltkriegs und die folgende Inflation wurde der zunächst so entschlossen in Angriff genommene Abriß des Scheunenviertels abrupt unterbrochen, und das in weiten Teilen freigeräumte Gelände rund um den Theaterneubau lag ein Jahrzehnt lang brach. Aus diesem Grunde konnten auch Grenadier- und Dragonerstraße den großangelegten Abbruch überleben. Erst zwischen 1925 und 1929, in den wenigen fetten Jahren der Weimarer Republik, entstanden um die Volksbühne herum jene großstädtischen Bauten im Stil der Neuen Sachlichkeit von Hans Poelzig, die das Gebiet bis heute prägen. Die *Berliner Morgenpost* vom 5. April 1929 schrieb: »Die größeren Wohnungen sind hauptsächlich von Ärzten, Rechtsanwälten und Kaufleuten, die in der Nähe ihre Büros haben, gemietet worden, während in die kleineren Wohnungen Angestellte und Beamte eingezogen sind. Es ist dadurch eine ganz neue Bewohnerschaft in die Gegend am Bülowplatz gekommen, die in kurzer Zeit dem ganzen Viertel ihren Charakter aufprägen dürfte.«[96] Die ehemaligen, durch den Abriß verdrängten Bewohner waren zum großen Teil nur ein paar Straßenzüge weiter westlich gezogen, in die Mulack- oder Steinstraße jenseits der Alten Schönhauser Straße. Daß diese alten Straßenzüge erhalten sind, ist auch der Initiative ›Bürger rettet Euer Scheunenviertel‹ zu verdanken, die 1989 noch zu DDR-Zeiten wirkte.

Umrundet man den Babylon-Block – von der Hirtenstraße in die Kleine Alexanderstraße hinein –, wird einem die Großmaßstäblichkeit der Hausanlage bewußt. Am Ende der Kleinen Alexanderstraße steht das Karl-Liebknecht-Haus. Es ist heute Sitz der Partei Die Linke. Hier kann man

in einer Buchhandlung – sie heißt ›Der kleine Buchladen‹ – stöbern und sich mittags in der Kantine stärken. Gegenüber an der Weydingerstraße liegt ein kleiner schattiger Park, dessen Bänke im Sommer in der Mittagspause beliebt sind. Die Bartelstraße, die rechts von der Weydingerstraße abgeht, demonstriert die einstige Überbauung des Viertels: Von ihr ist nur noch ein kurzer Stummel übriggeblieben. Die Weydingerstraße endet ebenso wie die Linienstraße, auf die sie hier trifft, in einer Sackgasse, so daß der Eindruck entsteht, der Neubaubereich von 1929 sei gar nicht richtig in das übrige Stadtgefüge eingepaßt.
Im Oktober 1929 brachen die Kurse an der New Yorker Börse ein, und die weltweite Wirtschaftskrise führte zur erneuten Einstellung der Bautätigkeit auf dem Gelände des alten Scheunenviertels. Erst die Nationalsozialisten nahmen die Umgestaltung im schlimmsten Sinne wieder auf, wovon man sich überzeugen kann, wenn man links in die Linienstraße einbiegt. Die Häuser mit den Arkadengängen und Giebeldächern im sogenannten Heimatstil stammen von Richard Ermisch, der sich als Architekt des Neuen Bauens einen Namen gemacht hatte und scheinbar mühelos dem Diktum der NS-Baubehörden anpassen konnte, als er 1934 mit der Fortsetzung der Platzbebauung betraut wurde. Der Bülowplatz wurde kurzerhand in Horst-Wessel-Platz umbenannt, das Karl-Liebknecht-Haus, bis 1933 Sitz der KPD, wurde geräumt und ebenfalls nach dem berüchtigten Nazi-Schläger Wessel benannt, der zu einem Märtyrer stilisiert wurde, weil Kommunisten ihn umgebracht hatten. Auf den Brettern, wo Regisseure wie Max Reinhardt und Erwin Piscator inszeniert hatten, wurde nur noch das gespielt, was den neuen Machthabern in den Kram paßte. Und Max Reinhardt – der seine autobiographischen Aufzeichnungen mit dem Satz beginnen läßt: »Ich bin ein Jude« – verließ Deutschland bereits im März 1933, für im-

mer. Er inszenierte noch auf verschiedenen Bühnen in Europa, bis er sich 1937 endgültig in den USA niederließ, wo er 1943 starb.

Der Hintereingang der Volksbühne liegt, flankiert von den nach 1933 entstandenen Arkadenhäusern, in der Linienstraße. Biegt man in sie ein und umrundet das Theater, kann man sich von der Monumentalität dieses »Monsterquadernbaus« überzeugen, wie Walter Mehring ihn nennt.[97] Die Volksbühne wurde ab dem 1. September 1915 für drei Spielzeiten von Max Reinhardt geleitet. Als erster Intendant des just eröffneten Hauses gab er mit der Premiere von Schillers *Die Räuber* seinen Einstand. Paul Wegener, Emil Jannings und Ernst Lubitsch spielten mit. Der Neubau mit drei Rängen, die Wände mit rotbraunem Mahagoni verkleidet, knapp zweitausend Zuschauer fanden darin Platz, war errichtet worden vom jüdischen Architekten Oskar Kaufmann und finanziert durch Spenden der Mitglieder des Vereins Freie Volksbühne, sogenannte Arbeitergroschen. An der Fassade in großen Lettern: ›Die Kunst dem Volke‹. Bei den theaterinteressierten Arbeitern waren Gerhart Hauptmanns sozialkritische Stücke besonders beliebt – was dem schlesischen Dramatiker damals den Spitznamen ›Gewerkschaftsgoethe‹ einbrachte. *Die Ratten* wurde erstmals im Dezember 1916 gegeben, weitere Stücke wie *Fuhrmann Henschel*, *Der Biberpelz* und *Rose Bernd* wurden in dieser Spielzeit aufgenommen. Gerhart Hauptmanns Drama *Die Ratten* spielt denn auch unweit des Scheunenviertels, in einer Kaserne in der Alexanderstraße, wo sich heute das neue Einkaufszentrum ›Alexa‹ breitmacht, ein Bau, dessen Architektur an expressionistische Formensprache anknüpfen will. Hauptmann kannte sich in der Gegend aus: Sein erster Berliner Wohnsitz befand sich auch nur ein paar Gehminuten westlich des Scheunenviertels in der Kleinen Rosenthaler Straße 11 gegenüber dem Garnisonfriedhof. Der

Seit 1913 steht die Volksbühne dort, wo sich einmal viele Gäßchen des Scheunenviertels kreuzten

gebürtige Schlesier war 1884 zum Studium hergekommen, er wollte gern Schauspieler werden, fand jedoch schnell heraus, daß sein Talent als Dramatiker zukunftsweisender war. Auch ein Stück von Alfred Döblin wurde an der Volksbühne aufgeführt: Sein Drama *Die Ehe*, das in München wegen angeblicher kommunistischer Propaganda verboten worden war, feierte am 17. April 1931 hier Premiere. Neben dem Deutschen Theater und dem Berliner Ensemble stellte die Volksbühne eine der Säulen des in Mitte so vitalen Theaterlebens dar.

1945 waren von der Volksbühne nur noch die Umfassungsmauern übrig, die Poelzigschen Baublöcke waren zum Teil so beschädigt, daß sie abgerissen wurden. Ohne Frage war es ein Prestigeprojekt für die DDR-Führung, die Arbeiterbühne rasch wieder aufzubauen, schon 1948 wurde dazu ein Wettbewerb ausgelobt. Vor allem im Dachbereich leicht vereinfacht, wurde der Baukörper mit seinen sechs dicken Säulen am Portal wieder instand gesetzt und konnte im Jahre 1954 nach Max Reinhardts *Räubern* zum zweiten Mal mit einem Schiller-Drama eröffnet werden, zur Wiedereinweihung am 21. April wurde der *Wilhelm Tell* gegeben. Von 1974 bis 1977 formte Benno Besson als künstlerischer Leiter und Intendant mit umstrittenen Aufführungen von Heiner Müllers Stücken sowie mit Theaterfesten den Charakter der Volksbühne. Das Theater entwickelte sich nach der Wende, besonders seit Frank Castorf 1992 dessen Leitung übernahm, zu einem Haus von internationalem Ruf; es galt mit seinen vielen Veranstaltungen, seinen Matineen und Podiumsdiskussionen als regelrechte Kultstätte und als Impulsgeber für die Theaterszene in der wiedervereinigten Hauptstadt. Inzwischen ist Castorf seit fast zwei Jahrzehnten Intendant. Vor allem berühmte Romanvorlagen, wie z. B. *Emil und die Detektive* von Erich Kästner oder Fjodor Dostojewskis *Schuld und Sühne*, dienten ihm immer wieder als Vorlagen für seine Stücke. Seine im Jahr 2007 gezeigte dramatische Fassung von Döblins *Berlin Alexanderplatz* war wie geschaffen für das Theater in jener Gegend, die Biberkopfs literarische Heimat ist. In den letzten Jahren führten hier René Pollesch, Leander Haußmann, Christoph Schlingensief oder Christoph Marthaler Regie. Im marmornen Foyer der Volksbühne mit den schönen Fünfziger-Jahre-Deckenleuchten kann man sich über das aktuelle Theaterprogramm informieren oder auch gleich Karten an der Abendkasse kaufen. Neben dem großen Haus als Spielstätte gibt es auch ein vielfältiges Programm im Roten sowie im Grünen Salon, die man links bzw. rechts des Theater-Haupteingangs findet. Die Konzerte, Lesungen, Tanzveranstaltungen und Podiumsdiskussionen, die hier stattfinden, sind sehr beliebt. Der Spaziergänger entdeckt auf dem Rosa-Luxemburg-Platz unter seinen Tritten Buchstaben aus Bronze, es sind Zitate der Revolutionärin. Auf einer Tafel neben dem Volksbühneneingang mag sich der Spaziergänger noch einmal auf einer Tafel über die Geschichte des Scheunenviertels informieren. Vor der Volksbühne, auf dem Rasenplatz mit einer Skulptur, die das Logo des Theaters darstellt, ein Rad auf zwei Beinen, kann man den Rundgang durch das Scheunenviertel oder das, was noch von ihm zu sehen und zu erahnen ist, beschließen, ebenso wie in den zahlreichen Cafés und Restaurants, die sich inzwischen am Rosa-Luxemburg-Platz und in den ihn umgebenden Straßen angesiedelt haben.

Anhang

Vorwort

1 Andersch, S. 166-167.
2 Zit. n. Eckhardt und Nachama, S. 48.
3 Quelle: Clay Large, S. 29.
4 Benn, zit. n Eckhardt, 750 Jahre Berlin, S. 40.

1 Das Zeitungsviertel

5 Kiaulehn, S. 503.
6 Nadolny, S. 99.
7 Kiaulehn, S. 502.
8 Nadolny, S. 310-311.
9 Heinz, S. 16.
10 Kiaulehn, S. 479.
11 Zuckmayer, S. 412.
12 Krüger, S. 66-67.
13 Bemmann, S. 41-42.
14 Tergit, S. 5.
15 Mann, Golo, S. 231.
16 Kiaulehn, S. 503.
17 Morgenstern, zit. n. Wallenberg, S. 133.
18 Baum, Vicki: ›Leute von heute‹. In: Die Dame, Reprint, S. 165-167.
19 Kiaulehn, S. 502.
20 Hessel, Ein Flaneur in Berlin, S. 253.
21 DIE ZEIT ONLINE (Archiv), 24. 08. 1962 Nr. 34, ›Der Tod im Zeitungsviertel‹.
22 Isherwood, S. 246.
23 Knobloch, zit. n. Eckhardt und Nachama, S. 114.
24 Ankum, S. 30.
25 Nadolny, S. 479.

2 Das Konfektionsviertel

26 Hessel, Ein Flaneur in Berlin, S. 27-30.
27 Hessel, Ein Flaneur in Berlin, S. 63.
28 Tergit, S. 12-13.
29 Zit. n. Dopp.
30 Benjamin, S. 59-60.
31 Baum, zit. n. Ankum, S. 91.

32 Döblin, S. 55.
33 Döblin, S. 56.

3 Das Bankenviertel

34 Mendelssohn Bartholdy, zit. n. Kleßmann, S. 197-198.
35 Hensel, S. 14.
36 Blubacher, S. 23.
37 Hensel, S. 14-15.
38 Hensel, S. 15.
39 Hensel, S. 11-12.
40 Moses Mendelssohn, zit. n. Eckhardt, S. 38.
41 Lackmann, in: Tagesspiegel, 20. 12. 2003.
42 Lackmann, in: Tagesspiegel, 20. 12. 2003.
43 Rahel Varnhagen, zit. n.: Voß, S. 70.
44 Zit. n. Voß, S. 87.
45 Knobloch, S. 138.
46 Knobloch, S. 138-139.
47 Schlegel, zit. n. Kleßmann, S. 67.
48 Schlegel, S. 91-92.
49 Zit. n. Kleßmann, S. 176-177.
50 Zit. n. Kleßmann, S. 110-111.
51 Voß, S. 85.
52 Zit. n. Kleßmann, S. 283.

4 Die Stadt der Warenhauspaläste

53 Kerr, S. 93-94.
54 Keun, S. 82 + 95.
55 Kiaulehn, S. 33.
56 Julius Bab und Willi Handl, zit. n. Eckhardt, S. 154.
57 Halbe, S. 71.
58 Hessel, Ein Flaneur in Berlin, S. 62-63.
59 Hessel, Ein Flaneur in Berlin, S. 62-63.
60 Döblin, S. 145.
61 Stresemann, zit. n. Strohmeyer, S. 7. Gustav Stresemann: »Die Warenhäuser. Ihre Entstehung, Entwicklung und volkswirtschaftliche Bedeutung.« In: Zeitschrift für die gesamte Staatswissenschaft. Berlin. 1900.

5 Metropole der Naturwissenschaften

62 Mann, Thomas, S. 194.
63 Reinhardt, zit. n. Eckhardt und Nachama, S. 86.
64 Roth, zit. n. Eckhardt und Nachama, S. 84-85.

65 Einstein, zit. n. Neffe, S. 183.
66 Einstein, zit. n. Neffe, S. 184.
67 Einstein, zit. n. Neffe, S. 184.
68 Klabund, S. 276.
69 Brecht, zit. n. Wissenschaft in Berlin, S. 529, bzw. *Neue Weltbühne*, Jg. 34, 1938, S. 646.
70 Ullmann, zit. n. Eckhart und Nachama, S. 87, in: Jüdische Orte.
71 Jaeckel, S. 360.
72 Jaeckel, S. 497.

6 Jüdisches Leben an der Oranienburger Straße

73 Liebmann, S. 155-156.
74 Beck, zit. n. Steglich, S. 59.
75 Scholem, S. 54-55.
76 Scholem, S. 58.
77 Kunert, S. 179.
78 Kunert, S. 170.
79 Kunert, S. 172-173.
80 Beck, zit. n. Steglich, S. 60.
81 Aktuelles unter: www.auguststrasse-berlin-mitte.de
82 Fontane, zit. n. Steglich, S. 51.
83 Rodenberg, zit. n. Steglich, S. 51.
84 Beck, zit. n. Steglich, S. 61.
85 Beck, zit. n. Steglich, S. 63.

7 Das Scheunenviertel

86 Beck, zit. n. Steglich, S. 59.
87 Roth, Joseph, S. 250-251.
88 Berliner Adreßbücher, http://adressbuch.zlb.de.
89 Scholem, S. 101-102.
90 Mahlsdorf, S. 135.
91 Kunert, zit. n. Geisel, S. 7-8
92 Döblin, S. 23-24.
93 Granach, zit. n. Steglich, S. 192.
94 Hessel, Ein Flaneur in Berlin, S. 79-80.
95 Döblin, zit. n. Geisel, S. 123.
96 Zit. n. Bodenschatz, S. 49.
97 Mehring, zit. n. Geisel, S. 54.

Bibliographie

Andersch, Alfred: Efraim. Zürich. Diogenes. 1976.
Ankum, Katharina von: Vicki Baum. Frankfurt am Main. Verlag Neue Kritik. 1998.
Baum, Vicki: Menschen im Hotel. Köln. Kiepenheuer & Witsch. 2002.
Beck, Lorenz Friedrich und Marion Kazemi (Hg.): Max Planck und die Max-Planck-Gesellschaft. Zum 150. Geburtstag am 23. April 2008 aus den Quellen zusammengestellt vom Archiv der Max-Planck-Gesellschaft. Berlin. 2008.
Beck, Gad: Und Gad ging zu David. Die Erinnerungen des Gad Beck 1923 bis 1945. Berlin. Edition Diá. 1995.
Bemmann, Helga: Kurt Tucholsky. Berlin. Lied der Zeit. Musikverlag. 1989.
Benjamin, Walter: Berliner Chronik. Frankfurt am Main. Suhrkamp. 1988.
Beradt, Martin: Die Straße der kleinen Ewigkeit. Ein Roman aus dem Berliner Scheunenviertel. Mit einem Essay und einem Nachruf von Eike Geisel. Frankfurt am Main. Eichborn. 2000. (Erstausgabe 1965 im Heinrich Scheffler Verlag, Frankfurt am Main).
Bienert, Michael und Elke Linda Buchholz: Die Zwanziger Jahre in Berlin. Ein Wegweiser durch die Stadt. Berlin. Berlin Story Verlag. 2005.
Blubacher, Thomas: Gibt es etwas Schöneres als Sehnsucht? Die Geschwister Eleonora und Francesco von Mendelssohn. Berlin. Henschel. 2008.
Bodenschatz, Harald: Platz frei für das neue Berlin! Geschichte der Stadterneuerung in der »größten Mietskasernenstadt der Welt« seit 1871. Studien zur neueren Planungsgeschichte. Berlin. Transit. 1987.
Bruyn, Günter de: Unter den Linden. München. Random House (btb). 2004.
Bruyn, Günter de: Als Poesie gut. Schicksale aus Berlins Kunstepoche 1786 bis 1807. Frankfurt am Main. Fischer. 2006.
Clay Large, David: Biographie einer Stadt. München. C. H. Beck. 2002.
Dähn, Brunhilde: »Berlin und die Konfektion.« In: Tagesspiegel, o. A.
»Der Tod im Zeitungsviertel.« In: DIE ZEIT ONLINE (Archiv), 24. 08. 1962 Nr. 34.
Deutschkron, Inge: Ich trug den gelben Stern. Stuttgart. DBV. 1979.
Deutschkron, Inge: Papa Weidt: Er bot den Nazis die Stirn. Kevelaer. Butzon & Bercker. 2001.
Deutschkron, Inge: Ich trug den gelben Stern, und was kam danach? München. dtv. 2009.
Döblin, Alfred: Berlin Alexanderplatz. München. dtv. 1965.
Dopp Werner: 125 Jahre Berliner Konfektion. Berlin. Ernst Staneck. 1962.

Dubrau, Dorothee: Architekturführer Berlin-Mitte. Band 1 und 2. Berlin. DOM publishers. 2009.
Eckhardt, Ulrich (Hg.): 750 Jahre Berlin. Stadt der Gegenwart. Lese- und Programmbuch zum Stadtjubiläum. Berlin. Ullstein. 1987.
Eckhardt, Ulrich und Andreas Nachama: Jüdische Orte in Berlin. Mit Feuilletons von Heinz Knobloch und Fotografien von Elke Nord. Berlin. Nicolai. 2005.
Engel, Helmut u. a. (Hg.): Geschichtslandschaft Berlin. Kreuzberg. Berlin. Nicolai. Historische Kommission zu Berlin. 1994.
Engelbrecht, Ernst: In den Spuren des Verbrechertums. Ein Streifzug durch das großstädtische Verbrechen und seine Schlupfwinkel. Mit 68 Bildern, meist nach eigenen Aufnahmen. Berlin. Peter J. Oestergaard. 1930.
Eymann, Scott: Laughter in Paradise. Baltimore. JHU Press. 2000. (Biographie über Ernst Lubitsch).
Feuchtwanger, Lion: Die Geschwister Oppermann. Frankfurt am Main. Fischer. 1981.
Fiedler, Leonhard M.: Max Reinhardt. Reinbek. Rowohlt. 1975.
Fiege, Nora: Berliner Mode und Konfektion in den 20er Jahren. Neue Kleider für Neue Frauen. Norderstedt. GRIN Verlag. 2008.
Fischer, Erica und Simone Ladwig-Winters: Die Wertheims. Geschichte einer Familie. Reinbek. Rowohlt. 2004.
Fontane, Theodor: Von Zwanzig bis Dreißig. Berlin. Aufbau. 2005.
Geisel, Eike: Im Scheunenviertel. Bilder, Texte und Dokumente. Mit einem Vorwort von Günter Kunert. Berlin. Severin und Siedler. 1981.
Geist, Johann Friedrich: Passagen. Ein Bautyp des 19. Jahrhunderts. München. Prestel. 1979.
Granach, Alexander: Da geht ein Mensch. Roman eines Lebens. Augsburg. Ölbaum. 2003.
Habel, Robert: Alfred Messels Wertheimbauten in Berlin. Der Beginn der modernen Architektur in Deutschland. Berlin. Gebr. Mann Verlag. 2009.
Härtzsch, Fritz: Rudolf Mosse – ein Verleger revolutioniert das Zeitungsgeschäft. Zürich. 125 Jahre Mosse. 1996.
Halbe, Max: Scholle und Schicksal. Salzburg. Das Berglandbuch Verlag. 1940.
Heine, Heinrich: Briefe aus Berlin. Hamburg. Hofmann und Campe. 2000.
Helas, Horst: Juden in Berlin-Mitte. Biografien – Orte – Begegnungen. Berlin. trafo verlag. 2001.
Hensel, Sebastian (Hg.): Die Familie Mendelssohn. 1729 bis 1847. Nach Briefen und Tagebüchern. Frankfurt am Main. Insel. 2002 [1879].
Hessel, Franz: Ein Flaneur in Berlin. Berlin. Das Arsenal. 1984.
Hessel, Franz: Heimliches Berlin. Frankfurt am Main. Suhrkamp. 1982.
Isherwood, Christopher: Lebwohl, Berlin. Berlin. Ullstein. 2004.

Jaeckel, Gerhard: Die Charité. Die Geschichte eines Weltzentrums der Medizin. Frankfurt am Main, Berlin. Ullstein. 1995.

Johannes, Heinz (Hg.): Neues Bauen in Berlin. Mit einem Nachwort zur Neuausgabe von Roland Jaeger. Berlin. Gebr. Mann Verlag. 1998.

Juden in Preußen. Ein Kapitel deutscher Geschichte. Hg. vom Bildarchiv Preußischer Kulturbesitz. Dortmund. Harenberg. 1981.

Kerr, Alfred: Mein Berlin. Schauplätze einer Metropole. Berlin. Aufbau. 1999.

Keun, Irmgard: Das kunstseidene Mädchen. Roman. Berlin. Ullstein. 2004.

Kiaulehn, Walther: Berlin. Schicksal einer Weltstadt. München, Berlin. Biederstein Verlag. 1958.

Kisch, Egon Erwin: Der rasende Reporter. Berlin. Aufbau. 1955.

Klabund: Sämtliche Werke. Bd. 2, Erzählungen 1. Teil. Amsterdam und Atlanta. Rodopi. 1998.

Kleßmann, Eckart: Die Mendelssohns. Bilder aus einer deutschen Familie. Frankfurt am Main. Insel. 1993.

Kraus, Elisabeth: Die Familie Mosse. Deutsch-jüdisches Bürgertum im 19. und 20. Jahrhundert. München. C. H. Beck. 1999.

Kreher, Wolfgang und Ulrike Vedder (Hg.): Von der Jägerstraße zum Gendarmenmarkt. Eine Kulturgeschichte aus der Berliner Friedrichstadt. Berlin. Gebr. Mann Verlag. 2007.

Knobloch, Heinz: Berliner Feuilleton. Berlin. Aufbau. 1987.

Kracauer, Siegfried: Die Angestellten. Aus dem neuesten Deutschland. Frankfurt am Main. Suhrkamp. 1971.

Krüger, Horst: Deutsche Stadtpläne. München. dtv. 1984.

Kunert, Günter: Ziellose Umtriebe. Nachrichten vom Reisen und vom Daheimsein. München. dtv. 1981.

Lackmann, Thomas: Das Glück der Mendelssohns. Berlin. Aufbau. 2005.

Lackmann, Thomas: »Demokrit und Heraklit.« In: Der Tagesspiegel, 20. 12. 2003.

Landesdenkmalamt Berlin: Spandauer Vorstadt in Berlin-Mitte. Ein Kunst- und Denkmalführer. Petersberg. Michael Imhof Verlag. 2002.

Liebmann, Irina: In Berlin. Köln. Kiepenheuer & Witsch. 1994.

Loschek, Ingrid: Reclams Mode- & Kostümlexikon. Stuttgart. Reclam. 1994.

Mahlsdorf, Charlotte von: Ich bin meine eigene Frau. Ein Leben. Herausgegeben von Peter Süß. München. dtv. 1992.

Mann, Golo: Erinnerungen und Gedanken. Eine Jugend in Deutschland. Frankfurt am Main. Fischer. 1986.

Mann, Thomas: Der Zauberberg. Frankfurt am Main. Fischer. 1967.

Mendelssohn-Studien, herausgegeben für die Mendelssohn-Gesellschaft von Cécile Lowenthal-Hensel, Rudolf Elvers, Hans-Günter Klein und Christoph Schulte, Berlin 1972 bis Hannover 2007.

Die Mendelssohns in Berlin. Eine Familie und ihre Stadt, Ausstellung des Mendelssohn-Archivs der Staatsbibliothek Preußischer Kulturbesitz 1984, bearbeitet von Rudolf Elvers und Hans-Günter Klein. Berlin. 1984.

Mendelssohn, Peter de: »Das Mosse-Haus«. In: Wallenberg, Hans (Hg.): Berlin Kochstraße. Berlin, Frankfurt am Main, Wien. Ullstein. 1966. S. 102-108.

Mosse, George L.: Aus großem Hause. Erinnerungen eines deutsch-jüdischen Historikers. Berlin. Ullstein. 1984.

Nachama, Andreas, Julius H. Schoeps und Hermann Simon (Hg.): Juden in Berlin. Berlin. Henschel. 2002.

Nadolny, Sten: Ullsteinroman. Berlin. Ullstein. 2004.

Neffe, Jürgen: Einstein. Eine Biographie. Reinbek. Rowohlt. 2005.

Palmér, Torsten und Hendrik Neubauer: Die Weimarer Zeit in Pressefotos und Fotoreportagen. Köln. Könemann. 2000.

Rebiger, Bill: Jüdische Stätten in Berlin. Berlin. Jaron Verlag. 2003.

Roth, Andrew und Michael Frajman: Das jüdische Berlin heute. Berlin. Quadriga Verlag. 2000.

Roth, Joseph: Orte. Leipzig. Reclam. 1990.

Scheer, Regina: »Wir sind die Liebermanns«. Die Geschichte einer Familie. Berlin. Ullstein. 2006.

Scheffler, Karl: Berlin – ein Stadtschicksal. Nachdruck der Erstausgabe von 1910. Berlin. Fannei & Walz. 1989.

Schlegel, Friedrich: Lucinde. Ein Roman. Frankfurt am Main. Insel. 1995.

Schoeps, Julius H.: Das Erbe der Mendelssohns. Frankfurt am Main. S. Fischer. 2009.

Scholem, Gershom: Von Berlin nach Jerusalem. Frankfurt am Main. Suhrkamp. 1977.

Schrader, Kathrin: »Das Warenhaus«. In: Jüdische Korrespondenz, Nr. 2/2002, herausgegeben vom Jüdischen Kulturverein Berlin.

Sprengel, Peter: Scheunenviertel-Theater. Jüdische Schauspieltruppen und jiddische Dramatik in Berlin (1900-1918). Berlin. Fannei & Walz. 1995.

Steglich, Ulrike und Peter Kratz: Das falsche Scheunenviertel. Ein Vorstadtverführer. Berlin. Verlagsbuchhandlung Oliver Seifert. 1994.

Straßmann, Wolfgang Paul: Die Straßmanns. Schicksale einer deutsch-jüdischen Familie über zwei Jahrhunderte. Frankfurt am Main, New York. Campus. 2006.

Stresemann, Gustav: »Die Warenhäuser. Ihre Entstehung, Entwicklung und volkswirtschaftliche Bedeutung.« In: *Zeitschrift für die gesamte Staatswissenschaft*. Berlin. 1900. S. 7.

Strohmeyer, Klaus: Warenhäuser. Geschichte, Blüte und Untergang im Warenmeer. Berlin. Wagenbach. 1980.

Tergit, Gabriele: Käsebier erobert den Kurfürstendamm. Berlin. Arani. 1997.

Tucholsky, Kurt: Panther, Tiger und Co. Reinbek. Rowohlt. 1978.

Vogler, Karl M. und Konstanze Eickhorst: Geschwister der Romantik. CD. Fanny und Felix Mendelssohn. Steinbach. Sprechende Bücher. 2000.

Voß, Karl: Reiseführer für Literaturfreunde. Berlin. Vom Alex bis zum Kudamm. Frankfurt am Main, Berlin und Wien. Ullstein. 1980.

Wallenberg, Hans (Hg.): Berlin Kochstraße. Berlin, Frankfurt am Main und Wien. Ullstein. 1966.

Westphal, Uwe: Berliner Konfektion und Mode 1836-1939. Die Zerstörung einer Tradition. Berlin. Edition Hentrich. 1992.

Wissenschaft in Berlin. Von den Anfängen bis zum Neubeginn nach 1945. (Autorenkollektiv). Berlin. Dietz Verlag. 1987.

Zuckmayer, Carl: Als wär's ein Stück von mir. Frankfurt am Main. S. Fischer. 1966.

Außerdem alle Titel auf der Seite: www.orte-der-erinnerung.de/publikationen

Serviceteil – auf einen Blick

Jüdische sowie auch andere, für die einzelnen Kapitel relevante Adressen in Berlin Mitte:

Restaurants und Cafés

Barcomi's Deli
Sophienstraße 21
10178 Berlin
Tel.: 030/28 59 83 63

Beth-Café
Tucholskystraße 40
10117 Berlin
Tel.: 030/2 81 31 34

Fabisch
Rosenthaler Straße 1
10119 Berlin
Tel.: 030/20 00 39 34 60

Kadima
Oranienburger Straße 28
10117 Berlin
Tel.: 030/27 59 42 51

Kanzler-Eck
Reinhardtstraße 44
10117 Berlin
Tel.: 030/28 04 58 02
Mo-Fr 12.00-24.00 Uhr
Sa, So geschlossen
info@kanzler-eck.de

Liebermanns im Jüdischen Museum
koschere Küche auf Anfrage
Lindenstr. 9-14
10969 Berlin
Tel.: 030/25 93 97 60
Di-So 12-18, Mo 12-24 Uhr
www.liebermanns.de

Oliv
Münzstraße 8
10178 Berlin
Tel.: 030/89 20 65 40

Superstore
Almstadtstraße 43
10119 Berlin
Mo bis Sa 12-20 Uhr

Taz Café
Rudi-Dutschke-Str. 23
10969 Berlin
Tel.: 030/25 90 21 64
Mo-Fr 8-20 Uhr

VAU
Jägerstraße 54/55
10117 Berlin
Tel.: 030/20 29 73-0

Voss
Rosa-Luxemburg-Straße 28
10178 Berlin
Tel.: 030/22 50 68 60

Weingrün
Gertraudenstraße 10-12
(Hochzeitshaus)
10178 Berlin
Tel.: 030/20 62 19 00
Mo-Sa ab 17 Uhr
info@rotisserie-weingruen.de

Koschere Geschäfte

Kolbo
Einzelhandel und Fleischerei
Auguststraße 77/78
10117 Berlin
Tel.: 030/2 81 31 35

Museen und Ausstellungen

Mendelssohn-Remise
Jägerstraße 51
10117 Berlin
Tel.: 030/81 70 47 26
Do-Di 12-19 Uhr
mail@jaegerstrasse.de

Jüdische Galerie
Oranienburger Str. 31
10117 Berlin
Tel.: 030/2 82 86 23
www.juedische-galerie.de

Jüdisches Museum Berlin
Lindenstraße 9-14
10969 Berlin
Tel.: 030/25 99 33 00
Mo 10-22, Di-So 10-20 Uhr

Lipperheidesche Kunstbibliothek
Matthäikirchplatz 6
10785 Berlin
Tel.: 030/2 66 42 41 41
Mo 14-20 Uhr, Di-Fr 9-16 Uhr
auskunft.kb@smb.spk-berlin.de

Museum Ephraim-Palais
Poststraße 16
10178 Berlin
Tel.: 030/2 40 02-0/-121
Di-So 10-18 Uhr
info@stadtmuseum.de

Max-Liebermann-Haus
Pariser Platz 7
10117 Berlin
Tel.: 030/22 63 30 30
Mo, Mi-Fr, 10-18 Uhr
Sa-So 11-18 Uhr, Di geschlossen

Museum Blindenwerkstatt Otto Weidt in der Stiftung Gedenkstätte Deutscher Widerstand
Rosenthaler Straße 39
erster Hof, linker Aufgang
10178 Berlin
Tel.: 030/28 59 94 07
Mo-So 10-20 Uhr
Eintritt frei
info@museum-blindenwerkstatt.de

Gedenkstätte Stille Helden in der Stiftung Gedenkstätte deutscher Widerstand
Rosenthaler Straße 39
10178 Berlin
Tel.: 030/23 45 79 19
täglich 10-20 Uhr
Eintritt frei

Weitere kulturelle Einrichtungen

Initiative Berliner Zeitungsviertel e. V.
c/o Museum für Kommunikation Berlin
Abteilung für Öffentlichkeitsarbeit
Leipziger Str. 16
10117 Berlin
info@berliner-zeitungsviertel.de

Jüdischer Kulturverein Berlin e. V.
Oranienburger Straße 26
(Eingang Krausnickstraße)
10117 Berlin
Tel.: 030/2 82 66 69 oder
030/28 59 80 52
jkv.berlin@t-online.de
www.berlin-judentum.de

American Jewish Committee (AJC)
Mosse-Palais
Leipziger Platz 15
10117 Berlin
Tel.: 030/2 26 59 40
bergerd@ajc.org
www.ajc.org

Stiftung »Neue Synagoge Berlin – Centrum Judaicum«
Oranienburger Straße 28-30
10117 Berlin
Tel.: 030/88 02 84 51
So-Do 10-18 Uhr, Fr 10-14 Uhr
(im Sommer verlängert), Führungen:
So 14 und 16 Uhr, Mi 16 Uhr
office@cjudaicum.de
www.cjudaicum.de

Archiv:
Tel.: 030/8 80 28-425/426
Fax: 030/8 80 28-405
Di-Do 10-16 Uhr (nur nach Anmeldung)
archiv@cjudaicum.de

Anne Frank Zentrum e. V.
Rosenthaler Straße 39
10178 Berlin
Tel.: 030/30 87 29 88
zentrum@annefrank.de
www.annefrank.de

Jüdischer Kulturverein
Oranienburger Str. 26
10117 Berlin
Tel.: 030/2 82 66 69
jkv.berlin@t-online.de

Synagogen

Neue Synagoge
Oranienburger Straße 29
10117 Berlin
Tel.: 030/2 80 12 50

Weitere Synagogen in Berlin:

Pestalozzistraße 14-16
10625 Berlin (Charlottenburg)
Tel.: 030/3 13 84 11

Fraenkelufer 10-16
10999 Berlin (Kreuzberg)
Tel.: 030/6 14 51 31

Rykestraße 53
10405 Berlin (Prenzlauer Berg)
Tel.: 030/4 44 42 59 31

Buchhandlungen

Levy's tabularium
Rosenthaler Str. 40- 41
Die Hackeschen Höfe Hof VII
Tel.: 030/2 80 82 03
Mo-Sa 11-19 Uhr
info@tabularium.net

artificium GmbH
Rosenthaler Straße 40-41
10178 Berlin
Tel.: 030/30 87 22 80

PRO qm – thematische Buchhandlung zu Stadt, Politik, Ökonomiekritik, Architektur, Design, Kunst & Theorie
Almstadtstraße 48-50
10119 Berlin
Tel.: 030/24 72 85 20
Mo-Sa 11-20 Uhr
info@pro-qm.de
www.pro-qm-de

Berlin Story
Unter den Linden 40
10117 Berlin
Tel.: 030/20 45 38 42
Mo-So 10-19 Uhr
www.berlinstory.de

Zeitschriften

Allgemeine Jüdische Wochenzeitung
Hausvogteiplatz 12
10117 Berlin
Tel.: 030/49 98 88-0
www.juedische-allgemeine.de

Jüdische Friedhöfe

www.berlin-judentum.de/adressen.de

Heerstraße 141
14055 Berlin (Charlottenburg)
Tel.: 030/3 04 32 34

Große Hamburger Straße 26
10117 Berlin (Mitte)

Herbert-Baum-Straße 45
13088 Berlin (Weißensee)
Tel.: 030/9 25 33 30

Schönhauser Allee 22
10435 Berlin (Prenzlauer Berg)
Tel.: 030/4 41 98 24

Bildnachweis

Alle Fotos von Unda Hörner außer:
Bundesarchiv, Bild 183-1987-0413-501, Fotograf P. Buch: S. 154; Bundesarchiv, Bild 183-R96433: S. 157; Bundesarchiv, Bild 183-1984-0424-506: S. 4; ullstein bild: S. 107.

Weitere Nachweise über das Archiv des Insel Verlags, Berlin.